学校行事から日常まで

センセイのための
服装・マナー図鑑

Illustrated book of clothing and manners
for teachers

田中 美香子 著

プロローグ

　全国津々浦々のセンセイのみなさん、こんにちは！

　この本を手にとった方は、きっと充実した先生生活を送られていることと思います。

　いや、もしかしたら、「先生になったばかりでわからんことだらけやわ」という方や、「ベテランという域に入ってきたけれど先生って奥が深いわ」と眉間にシワが寄りぎみ……という方もいるかもしれませんね。

　先生って世の中のベースを作っている素晴らしいお仕事ですし、私はいわゆる「聖職」だと思っていますが、いや本当に大変よ……ということも20年の教師経験から十分知っております。

　本書は、そんな先生方を心から応援する本です。特に、迷いがちな学校行事やマナーのことで、ことあるごとに手にして調べていただけるような本となっております。教務主任をしていたこともあり、日常的に若手の先生からいろいろなことを尋ねられましたので、その内容をたっぷり盛り込む形で書くように努めました。そして、職員室で同僚の先生から聞いているような、「気軽さ」も醸し出すように軽め口調仕様で書きましたよ♪

　ただ、地域や学校によって細かいルールが違うこともありますので、行事は特に周りの先輩先生にしっかり聞きながら進めてくださいね。本書では、ここだけは押さえておいた方がいいというような基本的事項を、私自身が肌で感じた平均的なこととして書いています。

　素敵な先生として自信をもって日々過ごせる、そんな一助になれば幸いです。

2023年3月

田中美香子

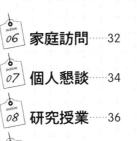
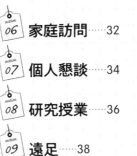

chapter 2

シーン別マナー……63

chapter 3

教師としてのふるまい……87

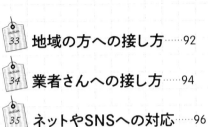

introduction

《小学校教師として》

　まず、introductionでは、この本の大前提となる基本的な考え方や、著者である私についてお話ししていきたいと思います。

　私はいま、「センセイカプセル」のオーナー兼代表としてECサイトの運営を主にお仕事としています。いろんな会社とコラボの打ち合わせをしたり、行事ごとにかわいいコーディネートを考えたりするのが本当に楽しい！　あと、こういった本の執筆や講演会に呼ばれてお話をすることもあります。

いらっしゃいませ
ここにしかない
先生のための百貨店

SENSEICAPSULE

かつて、先生は子どもたちにとっての憧れでした。
時代とともに生活が変わり、人口が変わり、文化が変わり
いつしかそれは過去のことになりました。
先生はカッコ悪いですか？

先生にとって本当に必要な良品だけを集めた
先生のための百貨店「センセイカプセル」をはじめます。
成長期の子どもたちは、大人の背中を追いかけます。
言動や立ち振る舞いはもちろん、
服装、髪型、持ち物まで。様々なことを吸収します。
子どもたちが先生に憧れ始める一歩は
先生をおしゃれにすることだと思ったからです。

わたしたちは、先生という職業のすばらしさを信じています。
この想いをカプセルに込めて、未来へ託します。

いらっしゃいませ
ここにしかない先生のための百貨店

センセイカプセル

　では、それまでは何をしていたのかというと、公立の小学校に20年勤務しておりました。全学年を担任し、教務主任までさせてもらって、忙しくも幸せな日々。先生のお仕事は、私にとって誇りです。

《起業》

　そして、ここからはお世話になった恩返しをするべく、先生をサポートする側になろう、公の立場ではなかなかできないことをしようと思い、退職＆起業。かなりのレアケースだと思いますが、元気なうちに辞めて先生サポートをする人がいてもおもしろいでしょう！　センセイカプセルはそのひとつ。これから先は、人・情報・アイテムが集まるコミュニティ作りを進めていきたいと考えています。先生方がそれぞれの実力をしっかり発揮できるような調整役を担っていきたいのです。

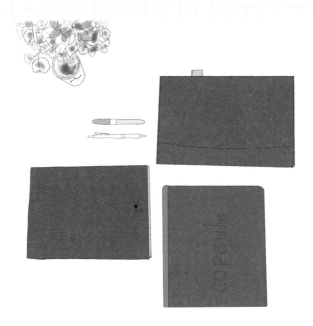

 大前提

《何が子どもたちを惹きつけるのか》

　さて、ここからは本書の大前提になっている持論です。子どもたちが先生を慕う
理由として挙げられるのは、大きく次の5つだと思っています。

---

① 　わかりやすく楽しい授業をしてくれる

② 　信頼関係がある

③ 　魅力的な一芸を持っている

④ 　元気で明るい

⑤ 　おしゃれである（特に高学年以上の女子は、これ重要）

---

　①～③は取得するまでに少々時間がかかったりハードルが高かったりします。で
も、もちろん先生としての大前提ですので、みなさん努力し続けますよね。
　④は先生を目指す人の多くが潜在的にもっているので、⑤がその分差がついてし
まう重要どころ。ただ、少し乱暴な言い方をすると、⑤は手っ取り早く手を打つこ
とが可能な部分でもあるのです。また、他と組み合わせることで、効果倍増以上です。
授業力と信頼関係を構築していきつつ、簡単に取り組めることからやっていきたい！

「先生×おしゃれ」について考えたこと

文房具から身につける物まで
探してみると素敵な物はたくさんある！
でもそれを探す時間がなかったり
うまく探せなかったり。
そのあたりをお手伝いしたい。

私が実際に使っていてよかった物や、欲しかった物をピックアップ
しているので、学校現場にフィットするかなぁと。

ギリギリまでおしゃれしたいよという先生方に、
元教務主任として判断基準を提案するということも、
できるかもしれない。

おしゃれな先生は
みんな大好き。

《先生のお手伝い》

　そこで、私は「センセイカプセル」でそのお手伝いもしているわけです。先生のなかには、服を選ぶのが得意ではないという方もおられますし、若手先生なら学校現場でどんなものを着たらよいのか判断に迷う！　という方もおられます。

　現場にそこそこ長くいて教務主任だった者が、これならいいですよとお薦めすれば、安心して身に着けられるかもしれません。

　また、先生は日々忙しいので、なかなかお店に買いに行けないということもあります。そんな状況のなか、このサイトに来たら季節に合わせた行事ごとのアイテムや服があるので……となれば、時間の削減にもなります。

　さらに、服から文房具までこだわるよ、素敵なもので囲まれたいよという先生もおられると思いますので、そういった方にとってもわくわくするようなアイテムを提供していきたいと思うのです。モチベーションアップのお手伝いですね。

《先生のイメージ》

　そう言えば、どうでしょう。一般的な先生のイメージって「おしゃれ」ではないですよね、きっと（笑）。

　ずっとジャージ着てるんでしょ、とかよれよれの雰囲気、とかひどいものです。

（MIKAMO調べ）

　体育もしますからジャージも着ますし、日々疲れ果てていることもありますからよれよれのフラフラかもしれません。でもね先生方、世間のイメージを払拭するべく、できる限りTPOに合わせて着替えましょうか！　子どもたちに社会人の先輩としてTPOを教えるのも、先生のお仕事のひとつかなと思っているのです。

《先生×おしゃれ》

　そう、先生のイメージからはおしゃれっていうワードが一般的に浮かばないから、「先生×おしゃれ」ってあえて提言しているというわけです、センセイカプセルでは。賛同してくださるおしゃれで素敵な先生がどんどん増えますように♪

TPOに合わせて、品のあるおしゃれをしたい！

児童・生徒にとってのお手本であるし、魅力を演出することもできるから。

授業力を身につけつつ、信頼関係を作りつつ、おしゃれでも惹きつけたい。

年代ごとの疑問やポイント

《初任者～若手時代》

　では、ここからは、実際に私が経てきた道のりを基に、その時々に思っていた疑問や経験談をお話していきたいと思います。まずは初任者から始まって若手と言われる数年間のことから。

　私は小学校の先生になるまでは、進学塾に勤めていましたので、初任者と言っても大学出たてではなかったわけです。一応、社会人としてのルール的なものは少しわかった上でしたので、そのあたりの苦労はあまり感じませんでした。もうすでに苦労したあと、という状態。でも大学を出てすぐの、特にアルバイト経験などもない先生は、そのあたりからとても苦労したようです。慣れないと難しいですものね、電話の応答とか。

MIKAMO's POINT ① 　電話の取り方など社会人としてのルール➡chapter 2 参照

それから、学校現場に来て最初の頃、違和感？として思ったのが、「何でもみんなで合わせる」という点。何クラスかあれば、ひとつのクラスだけ特徴のあるイベントとか演出とかがなされるとあまりよろしくないと。個性出したいのに〜！という葛藤はすごく感じました。それぞれ楽しくしたらいいのにって。そう、けん玉を教室に置いてたら生徒指導の先生に指摘されましたね（笑）。あなたのクラスだけ置いてたら他のクラスの子かわいそうでしょって。学校全体で置いていいことにしようって提案するにはまだ当時はピヨピヨでしたから引き下がりましたけどね。

MIKAMO's POINT ② 何か新しいことをしようと思ったら、職員会議で提案する。
その際、周りの先生方の意見を聞いておいて、感触をつかんでおくと良い

若手のときは、怖いもの知らずで勢いもありますから、どんどん研究授業に立候補しました。塾に勤めているときのシビアさとまた違って、学校の先生方はホメホメコメントをたくさんしてくれるんだって驚きました。もっとがんばろうって嬉しくなりました。褒めて伸ばす、これは子どもだけでなく大人もいっしょだなあと思います。

MIKAMO's POINT ③ 大人も褒めて伸ばす➡chapter 4 参照

研究授業は本当に力がつきます。ぜひたくさん経験してくださいね。当日の子どもたちのいつもと違うテンションにも驚きますし戸惑います☺。それも経験。

あと、若手の頃、難しいなと思ったのは、連絡帳の返事の仕方。すごい長文の連絡帳は、いいことでも悪いことでもぱっと見「ひえっ」ってなりますね。それで、同じくらい返事を返さないといけないと思っていたので、結構詳しい内容も返事に書いてしまっていたのですね。これは良くない。コピーをいま見ると、「ひえっ」ってなります（笑）。文字で伝えるってベテランでも難しいです。ましてや経験の浅い先生が勢いに任せて書いてしまうと、きつくなったり誤解を招いたりする。書くと残ってしまいますから、マイナスのことであれば特に、顔を見て様子や出方を見ながら話すのがいいです。子どももそのノートが終わるまでなんとなく毎日目に入ってしまうので、かわいそうです。

MIKAMO's POINT ④ 連絡帳の返事の仕方➡chapter 2 参照

いま思うと、若手の頃のほうが保護者や同僚の先生にどんどん意見していたかもと。もちろんその当時の私も言葉は選ぶようにはしていたつもりですが、民間の進学塾で働いていたこともあり、とんがっていたかもしれません😊。教師生活のあとになるにつれて、人の話を聞こう（聴こう）、そして聞いてほしいだけで意見は求めていない場合もあるんだなとわかるようになりました。共感してほしいだけのときもね。逆に雑談が苦手な先生、「心をこめてオウム返し」をするといいですよ。

「昨日テレビで推しの〇〇さんが出ててねー。」
「〇〇さんが出てたの！」
「いつもは白い服なんか着ないのに、ふわっとした王子様みたいなの着ててね、超かっこよかったー。」
「へー！いつもは白とか着ないのに昨日はふわふわで、王子様みたいだったんだー、かっこいいだろうね。」

っていう感じです。

MIKAMO's POINT ⑤ 同僚も保護者も子どもも、聞いてほしいだけのこともある

　とにかく、授業のことや学校の仕組みなどたくさんのことを学びたい欲が強く、本をたくさん読んだり勉強会に参加したりとがむしゃらな時期でした。最初の6年間で3、4、1、2、5、6、とすべての学年を持たせてもらえたのも幸いでした。なるべく初めのほうでいろんなところを経験できると、成長過程がよくわかった上で指導できるのでいいですよね。

MIKAMO's POINT ⑥ 担当する学年は積極的な希望を➡コラム④参照

　あ、休み時間もなんやかんやしていてトイレに行くタイミングを逃しがちで、腎盂腎炎になったのもこの頃でした。朝ごはんのあとは給食の牛乳まで何も飲まない日も多くて……いけませんね。

MIKAMO's POINT ⑦ 忙しいけれど水分をしっかりとりトイレにも行く

《10年目以降、中堅どころ時代》

　若手のころの締めがトイレのお話でしたが（笑）本当に先生って忙しいですよね。休み時間は自分の休憩ではないし、給食の時間だって給食指導なのですから。放課後まで基本的に座らないですものね。健康を維持するのも大変です。なんか強く丈夫になっていきますけど！

　さて、10年目くらいになってくると、学年主任や重要な校務分掌を任されることもあります。大変ですが、その分、充実感を感じるもの。特に初めての学年主任は何から気合入れようって思って、ジャケットたくさん買いましたね。形から☺。

MIKAMO's POINT ⑧　人は見た目も大事、鏡に映った自分も鼓舞してくれる

　いや、でもですよ、形からってとても大事だと思うのです。少しきれいめの服を着ていると気分がしゃんとしますし、鏡にちらっと映った姿も自分を鼓舞してくれます。そして、受け持っている子どもたちからも喜ばれる！ これは実証済みなんです。

　実は受け持っていた子が先生になりまして、当時のことを話してくれたんですね。小学2年生だったのですが、結構当時のことを覚えているそうで。髪型を真似したがってたとか、自分の先生がかわいい服を着ているとうれしかったとかね。そういうことで「先生の言うことしっかり聞こう」とかなるらしいのですよ。だから、自分もおしゃれなセンセイを密かに目指してるって（あ、ごめん密かにやのに言っちゃった☺）。

MIKAMO's POINT ⑨　おしゃれなセンセイはみんな大好き

17

校務分掌で言うと、最初に研究主任を任されたときは、嬉しさとともにどうやって自分より年上のベテラン先生方に提案していこう……という緊張も感じました。なんと言いますか、職員間の温度差ってありますよね（お察しください）。

　あまりガーガー進めても反発される恐れもあるし、反発まで行かなかったとしても、やる気が出ないのに空回りするのも悲しいし。そのあたりの調整に気を遣いつつ進めていきました。また、スモールステップでできる課題を設定し、それならちょっとやってみようかなと思ってもらえるよう工夫しました。やはりこのことも、事前の調査・手回しに限ります。手回しって言い方（笑）。

MIKAMO's POINT ⑩　提案はしっかり職員間の温度差を見計らって進めることが肝要。
　　　　　　　　ひとりよがりにならないよう、周りの意見も聞いておく

　でも、有意義な提案ができると学校が変わっていきますし、子どもたちにとって良いとわかれば取り入れてくださるのが先生方です。当時の主題はユニバーサルデザインを取り入れた授業の進め方というものでしたが、3年間の研究年度が終わっても継続して使ってもらえることがとても光栄でした。この頃から、自分のことだけでなく「学校を良くする」とか「先生方が働きやすいように工夫する」とかいう意識をもち始めました。

《教務主任時代》

　最後の4年間は、教務主任として学校全体のことも見てきました。インスタグラムを見てくださっている方は、どんな働き方改革をしてきたかとかご存知かもしれませんが、どんな改革にしても重きを置いたのは、「単に先生が楽するための改革ではない」ということです。

　例えばひとつ例にあげると、児童の下校時刻を早めたということがあります。これは、もちろん余裕の時間が少しずつ削られていくわけですから、少々窮屈になるかもしれません。保護者がみな働いているご家庭であれば、なるべく長く学校で見

守ってほしいという要望もあるか
もしれません。

　しかし、先生方の放課後の時間
を確保しないことには、授業の準
備・事務的作業・宿題やテストの
丸付け・学年での打ち合わせもあ
るのでどんどん帰りの時間も遅く
なる……そして気持ちの余裕もな
くなってくる。最終的に子どもた
ちにしわ寄せがいくという流れに
なります。

　そんな悪循環を防ぐべく、全体のメリット・デメリットを見て調整するのが管理
職や教務主任だと思うのです。そういう想いをもちながら、現状先生方のほうに負
担が行き過ぎている部分についていろいろと改革していきました。

> *MIKAMO's POINT* (11)　働き方改革は先生のためだけに非ず

　そして、これもいろいろなお考えがあるとは思いますが、私は1年担任であろう
が6年担任であろうが、教務であろうが17時台に退勤するようにしていました。
若手の先生は、先輩先生みんなが帰っていなかったら帰りにくいな、とかありませ
んか？　そんなことを思う必要はないのです。帰れるときは帰りましょう！　教務に
なってからは特に、帰ってもいいんだという雰囲気を出すように心がけました。

> *MIKAMO's POINT* (12)　退勤時間は遠慮せず、帰れるときは帰りましょう

　また、教務になって先生方の個人的な相談を受けることも増えましたので、放課
後はなるべく担当していた理科室にいてWelcome！　という形式にしていました。
管理職との打ち合わせは、午前中の空き時間に行うようにして、しかも2年目以降
は教務の仕事も見通しがついているので、なるべく前もって提案・相談するように
しました。そうすると、そのときに結論が出なくても焦って2回目の時間を確保し
なくていいのです。気持ちもゆったりします。

> *MIKAMO's POINT* (13)　仕事の見通しがついたものから、早め早めの動きをしていく

もうひとつ気をつけたのは、何かを提案するときに各関係の長の先生を立てて、意見を伺っておくということです。それをしない場合、長の先生のプライドも傷つき賛成も得にくくなるものです。これはいくら年下の先生であっても、長としてしっかり立てるようにしました。この配慮で会議もスムーズに進み、さらに援護も得られます。

　いろいろとお話してきましたが、それぞれの年代で私が考えたことは、もしかしたら同じことを思っていた！ とかそんな日が来るのか、とかの参考になるかもしれません。。一例として頭の片隅にでも置いてもらえたらと思います。

　そして、この章の最後に申し上げたいのは、「中堅以降の先生方が学校の雰囲気を作る」「ゆくゆくそれが学校の文化になっていく」ということです。いい雰囲気であったり前向きな循環であったりすると若手の先生も働きやすいし、そうすると先生もみんなニコニコして子どもたちにとっても嬉しいことばかりですからね。

Chapter

1

行事と服装

年度初めの日

服装レベル

あなたの印象が同僚にガツンと入力、きれいめコーデでスマートに。

💡 大切な初日

　さあ、いよいよ新年度のスタートです。初日、大事。あなたの、先生としての今年度のイメージを、同僚の先生や自分自身にガツンと「入力」すると言ってもよい日です。最初の印象って残りますからね。自分のやる気を奮い立たせる意味も込めて、おしゃれにスマートにいきたい！

　また、転勤や新採用ではじめましての先生方とご挨拶、の意味合いもある初日ですので、きれいめファッションが良いでしょう。

💡 どんな服装がいい？

　具体的には、男性も女性もジャケットであれば大丈夫です。上下揃っているスーツのほうが良いのかというと、式ではないので揃っていなくてもOK。ジャケットを羽織ってさえいればいいという感じです。

　新任の先生で、ジャケットってどんなものがいいのかよくわからない……という方は、採用試験の面接のときのスーツで構いません。かえって初々しくてかわいがってもらえるかも😊

　そして大事なポイントとして、初日はクラス担任など人事発表系職員会議のあとに、職員室の配置換えや掃除をしますので、動きやすい服に着替えます。ジャージを忘れずに持っていきましょう。ロッカールームで着替えるときに一度にわーっと着替えるので混みあいます。できれば女性はスカートを履いていくと着替えもスムーズですね。

《初日の持ち物》

- ☐ 筆記用具　☐ ジャージ　☐ 印鑑
- ☐ 上靴（スニーカーや動きやすい靴）
- ☐ お茶を飲む用のコップ（初日は水筒にお茶を入れて持っていった方がいいかも）

作業するときに着替えるから
Tシャツの上にジャケットでもいい！

座してて楽なものがおすすめ
（会議が長いから☺）

第一印象はとても大切。
対大人も、対子どもも！

新年度は変身するのに絶好のタイミング。
今年からはおしゃれでいこう！なんていうのも
切り替えやすい。

section 02 始業式・終業式

服装レベル

「楽しい1年になりそうだ」という期待を持たせてあげたい、大切な出会いの日。
儀式的行事であることを忘れずに！

素敵な笑顔で

　始業式の日。受け持つ子どもたちと出会う、大切な一日になります。きっと子ど
もたちは「今年はどんな先生かな」と目をキラキラさせてあなたを待っていること
でしょう。その期待に応えるべく、とっておきの自己紹介ネタととびっきりの笑顔
を用意したい！　そうです、笑顔も練習するということなのです。鏡の前でにっこ
りさわやかにほほ笑む練習、必ずしてくださいね。話す姿をスマホで自撮りしてみ
るのもいいですね。自分では笑顔のつもりでも、いざ映像を見てみるとそうでもな
いなあと気づくこともあります。

式の服装は？

　そして、服装。終業式や修了式も含めて、式とつくものは「儀式的行事」に該当
します。ジャケットを着用するなど、きれいめコーデで参加しましょう。暑い時期
はシャツ・ブラウスでもOK。社会人として子どもたちにTPOを教えるのもお仕事
のうちですから、先生自ら実践したいものです。服装レベル的には授業参観や個人
懇談と同等の、レベル2です。

　できれば少し流行のものを取り入れおしゃれして、子どもたちに「かっこいい先
生だな。しっかりついていくぞ！」という良い印象を与えたいところ。第一印象、
大事です。

《ポイント》

・笑顔の準備を！
・初日に褒める場面を必ず作りたい。
・おしゃれなきれいめコーデで臨みたい。流行も意識。
・人は見た目が9割とよく言われます。最初の印象は続くもの……

式というのは「儀式的行事」
ジャケットを羽織って参加。

ジャケットに合わせて
ヘアスタイルも素敵にしたい！
時間がない…というときには、
ポニーフックなど簡単おしゃれな
ものが便利。
ひとつくくりに差し込むだけ。

section 03 入学式

服装レベル

新入生や保護者に信頼を与える、上品なスーツ姿で。

💡 服装

☐ **ビビットではなく淡めの優しい色のスーツ**

　　卒業式は黒一色ですが、入学式は明るい色合いのスーツを着る印象です。パステル系やくすみ系のピンク、迷ったら一番のおすすめは、ベージュ。グレーもいいのですが、汗染みには注意です。特に1年生担任で緊張すると変な汗が出ることも☺

☐ **補助を頼まれたならパンツスーツが最適**

　　動き回るし、新入生用の小さなイスに座ることもあるからです。

☐ **スカートの場合は膝下・長めで肌色ストッキングを着用**

☐ **スーツのインナーには白系のブラウス**

　　アクセントにボウタイやリボンがあっても素敵です。すごく寒い年もあるので、そんなときは、中に着こむ。カイロを貼る。

☐ **男性はいたってシンプルコーデ**

　　グレーかネイビーのスーツにネクタイ、が多いです。学校によっては礼服と決まっているところもあるので、前もって先輩先生に確認しておきましょう。

💡 アクセサリー

☐ **コサージュが必須アイテム**

　　落ち着いたピンクやパープル系なら卒業式にも兼ねられて便利です。

☐ **ネックレスやイヤリングはパール系**

☐ **ヘアアクセサリーはパール系か、ベロアやマットなサテン**

　　ゴテゴテとつけるのではなく、全体の上品さを意識したいところです。

💡 靴

☐ **色は黒でもカラーでも可**

☐ **ヒールには気をつけて！**

　　可能なら体育館の準備ができたころに、一度歩いてみましょう。シートを敷いている場合、思いがけず大きな音がしたり、引っかかって歩きづらかったりすることがあります。高さは5センチくらいまでで、太めがいいですね。

入学式は黒よりもカラー感のある
スーツがおすすめ。
学校全体で華やかにお祝い。

入学式に似合うアクセサリーは、
パール。
コサージュもつけてセレモニー感。

ストッキングはベージュ。入学式って寒い年もあるから、そういうときは
カイロのサンドイッチ貼り！（背中とお腹）

日常

きれいめカジュアルで素敵に過ごしたい。
おしゃれな先生はみんな大好き。

学校によって違う文化

みなさんの学校はいかがでしょうか、職員室の先生方の服装。私もいろいろな学校を訪れましたが、結構雰囲気が違います。大きくは２つに分かれますね。１つ目はきれいめきちんと系が多い学校。２つ目はジャージ学校☺

TPOに応じて

いろいろなお考えがあると思いますのでこれはあくまで私の考えですが、先生というものは社会人の先輩としてTPOを教えることも大事なひとつの事項だと思っています。ですので、体育の前に着替えて、体育が終わったらトップスだけでも着替える。もちろん諸事情で着替えられないときもあります。でも、きちんとするときはきちんと、運動するときはジャージ……という「場に合わせて行動すること」を基本とする、ということを教えてあげてほしい！

日常の服装、結論としては

前置きが長くなりましたが、先生の日常着について。普段は動きやすいカジュアルコーデでいいと思います。でも、だらしないカジュアルではなく、きれいめカジュアル。こじゃれたカジュアル。

子どもたちは結構見ています。おしゃれな先生はみんな大好き！

《おすすめコーデ》
・ブラウス＋カジュアルパンツ
・Ｔシャツ＋きれいめパンツ
・スウェット＋きれいめパンツ
・セーター＋タイトロングスカート

カジュアルにきれいめを合わせるのがポイント。機能性とともに適度な清潔さとおしゃれさ具合を維持。

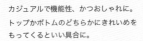

カジュアルで機能性、かつおしゃれに。
トップかボトムのどちらかにきれいめを
もってくるといい具合に。

差し色をするとメリハリがつく。

授業参観

服装レベル

ジャケット相当のきれいめコーデで気合。汗染み問題やチョーク問題も確認！

💡 授業は厳選

　4月に行われる授業参観。新学期が始まってから間もなくの場合が多いです。みんなが参加しやすい授業を、厳選してください。明るい雰囲気になるものか、落ち着いた雰囲気になるものかの選択は慎重に。前年度、ガチャガチャとして落ち着かず心配されているような学年なら、後者が良いでしょう。

💡 きれいめコーデで

　1回目の参観は、「クラスの雰囲気」と同時に「先生」も見られていますから、服装選びも気合を入れていきましょう！ 自分の個性が素敵に演出できる色や柄を選びたいですね。

　若手のうちは特にジャケット着用が無難です。男性は上下揃いのスーツにネクタイでOK。女性はいかにも"就職活動のスーツです"、というふうに見えるものよりは、少し余裕感が醸し出されるジャケット＋きれいめボトムがいいと思います。暑い時期でも、シャツやブラウスなどジャケット相当のきれいめコーデで。アクセサリーはつけるなら小さなイヤリングかネックレスを控えめに。もちろんつけなくてもいいです。

💡 機能面も大事

　見た目も大事ですが、機能面も忘れずチェック。黒板にチョークで書くときの動きをしっかり試してみてください。肩は上がりやすいですか？ 腕のボタン、大きさや場所によっては黒板に当たってカチャカチャと鳴ってしまう場合もありますので、注意が必要です。あと、汗染み問題。万能なのは、濃いめネイビー。白もいいのですが、チョークがついちゃうしね☺ 柄や地模様があるものは、汗をかいてもチョークがついても目立ちにくいです。

《ポイント》

・授業は参加しやすいもので、できれば少し知的な授業の雰囲気が出るものを。
・余裕感のある素敵コーデで！
・一度黒板を書く動きなどをしてみて予行練習。

はじめての参観は自分に似合う
自信カラーをセレクト。
控えめなアクセサリーも可。

教室の隅々まで
堂々と見渡そう。
（安心感を与えたい！）

緊張してどうしても早口に
なりがちなので
やや遅いかな、くらいの
スピードで話す！

家庭訪問

服装レベル

服装は参観と同レベルのきれいめコーデで、シワになりにくいものがベスト。
訪れるときの注意ポイント多数。

家庭訪問あれこれ

　少し落ち着いたころにやってくる大きな行事、家庭訪問。気を付けるべきポイントを挙げておきます。

1. 時間に遅れない
   初任者や転勤したてのときには、前日までにそのルートを回っておくとスムーズです。

2. 遅れても私物の携帯電話でかけない
   学校に電話して、学校からかけてもらいましょう。私物の携帯電話番号をオープンにしてしまうと、諸々あまりよくありません。

3. 部屋まで入るのかどうかは、統一
   ウチは入ってくれなかった……とかいろいろね☺ 玄関で済ませるパターンも増えてきています。

4. 脱ぎやすい靴で行く
   靴もですが靴下もチェック！穴が開いてたりしたら悲惨です。

5. お茶やお菓子をいただくかも統一
   ウチは飲んでくれなかった……とかいろいろね☺ 持たせてくれた分を固辞、まではしなくていいと思います。

6. 車で行く場合、事前に駐車スペースの確認を
   私は1週間前くらいに「おうちの人に聞いておいてー」と声をかけておきました。そうすると連絡帳で教えてくれたり、子どもが言ってくれたりしました。

7. メモはなるべくその場では取らず、家を出てから
   しっかりお顔を見てお話しましょう。信頼度にもつながります。

8. 守秘義務に気をつける
   家庭内のことや体のことなどを知る機会があります。情報の扱いに気をつけてくださいね。

便利なのはスカーフ。
顔周りが華やかになり、
どこか落ち着いて見える！

バッグまで手を抜かず、Ａ４が入る
きれいめのものをひとつは持って
おきたい。

汗をかくことも雨のことも考えて色をチョイスしたい。
目立ちにくいネイビーや白、あとは柄があるものもおすすめ。

個人懇談

服装レベル

必須ではないけれども「実行したら効果アップ」のいくつかをご紹介。

服装と座る位置の心理学的アプローチ

各学期末に行うことが多いでしょうか、個人懇談会。これが終わると長期休み、というひとつの区切りとなりますね。

服装は、参観などと同レベルのきれいめコーデで。男性は、やさしい色合いが自分の顔周りにくるようにするといいですよ！ 一般的に白のシャツが多いとは思いますが、少し強面先生なら、淡一いピンクのシャツでも素敵。

女性に便利なのが、スカーフ。正方形の物は使いこなしが難しいので、長方形でロングタイプのものがおすすめです。それをジャケットの襟に沿うように垂らしたり1回巻きにしたりすると、こなれて見えます。スカーフリングという、そこに差し込むだけでいい具合に留まるものもあります。

さらに、裏技的なことですが、教室の中で懇談する際の「あなたが座る場所」ってこだわっていますか？ あなたが太陽を背にして座るとハロー効果が発揮されていいですよ。心理学的に素敵に見えるそうです。イスの高さも、先生の方が低くならないように選ぶとgood。信頼度の演出です。

待合場所にも工夫を

保護者の待合場所は廊下のことが多いですが、イスを3脚くらいと机もひとつ出しておいて、おすすめの本コーナーなどを作ると喜ばれます。私はその学年の子どもにお薦めの本と、お家の方へのおすすめの本の両方を置いて、ちょっとしたポップも作っておきました。結構「買いましたー」の報告がありうれしい！

さらに余裕があれば、お花とか季節のグッズを飾ると「素敵な先生だな」と印象アップになります。百均グッズでも大丈夫。お花と花瓶（割れる心配があるならブリキ製がいいです）や小さなぬいぐるみ、数セット買っておけばずっと使えます。冬の懇談は、待つ間とても寒いので座布団を置いてあげてくださいね。

懇談は長く座っているので...
上半身きれいめ、下は比較的楽なもの。
イヤリングやスカーフで顔周りを華やかに。

窓を背にして座ろう
ハロー効果抜群。

廊下の待合スペースには
・おすすめの本
　（できればおすすめポイントも書いて）
・季節のお花
を飾る余裕があったらいいな！

研究授業

服装レベル

大規模なものから校内のものまで。
ジャケットを羽織ればどの形態でも大丈夫。

大小いろいろ

　研究授業は、その年度の研究主題のテーマに合わせて行われます。研究主題は学校独自で決める場合と、中学校区などでいっしょに研究する場合などもあります。研究授業の公開規模はいろいろですが、大きなものなら全国規模のものもありますし、小さなものなら校内だけでの開催、という感じです。

校外の場合

　どの規模のものにしても、基本はレベル2のきれいめコーデで参加しましょう。具体的には、ジャケットを羽織ると良いです。あと、うっかり上靴を持参し忘れてしまうことがあるので、気を付けてくださいね。行先にもスリッパはあるのですが、規模が大きな研究授業なら、時に観覧者のスリッパが足りなくなるのです。あったとしてもパタパタスリッパなので、私は歩きにくくて苦手で……持参していました。おそらく名札も必要です。

校内の場合

　服装は、授業をする側であれば大抵の先生が参観レベルのコーデで臨まれます。気合いが感じられる😊 観るだけの場合は、普段の服装のことも。とはいえ、ジャージのままで参加、というのも大変失礼です！ここは学校によって多少雰囲気が違います。ベテラン先生に聞いてみてくださいね。

《ポイント》
・基本はジャケットスタイルで
・校外の場合、上靴と名札を忘れずに！
・乗り合わせて車で行くなら、タクシーと違って上座は助手席です。

ジャケットを着ないときは
ブラウスのような素材にするなど
カジュアルすぎないように気をつけて。
スカーフもおすすめ。

髪の毛の長い場合は
まとめるか、顔周りに
かかりすぎないよう
すっきりと！

ネイビーのセットアップは
何かと使えて便利。
手持ちのものをセットアップ風に
着るのもOK。その場合は素材が
違う方がこなれて見える。

校外のときは上履きを
忘れずに！

遠足

服装レベル

行先によって臨機応変に。
いつもよりカジュアル寄りのコーデでOK。

おしゃれカジュアル

　早い学校で4月、多くは5月6月に春の遠足があります。行先にもよりますが、公園などの野外系であれば、カジュアル寄りで良いでしょう。ここは機能性重視です。とはいえ、ヨレヨレの服ではなく、おしゃれカジュアルで臨みたい！子どもたちも遠足ファッション、チェックしていますよ。

具体的には

　気候によって調整できるように、上はTシャツ+羽織系、下は伸縮性のあるパンツがおすすめ。地面に座ることもあるかもしれないので、汚れが目立たない色がいいと思います。あと、帽子と日焼け止めが必須となってきます。帽子はキャップでもいいですし、全体につばのあるキャペリンハットやバゲットハットも首の日焼け防止になります。秋の遠足であれば、Tシャツの代わりに長袖Tシャツ、羽織を厚めのものに変える、といった具合です。

社会見学系なら

　社会見学などの屋内系であれば、行先の担当の方に挨拶をすることもありますので、野外系より少〜しきれいめで。羽織るものをパーカーではなくシャツにしたらいいくらいの感じですね。

　あ、遠足までに事前打ち合わせをしていただく場合はもちろん、ジャケットを羽織るきれいめコーデで伺いましょう！

《おすすめコーデ》
・Tシャツ+長袖シャツ+丈夫なパンツ+帽子
・首にスカーフを巻いてもgood
・柄系アイテムはひとつだけにするとスマート

リュックが必須。
携帯電話を多用する場合は
サコッシュバッグ併用が便利。
（野外活動のページを参照）

野外活動

準備が超大変、頑張って！
服装は重ね着が基本、寒さ暑さに対応可能なコーディネートで。

準備に奔走…

　野外活動、それは小学校でおそらく一番準備が大変な行事。学校全体の行事では卒業式なのですが、式は全職員で準備するのに対し、野外活動は学年で準備しないといけないのでこれが大変！

　秋に野外活動のある学校だと夏休みから、春に野外活動のある学校はもう新学期始まったら死に物狂いで準備、そんな行事です。

超機能優先コーデ

　キャンプファイヤーやら野外炊飯などもあるので、ここはカジュアルコーデで。おそらくこちらも年中行事で一番の盛大なカジュアルでしょう。超機能性重視、でもかっこいいのがいいなというところです。

　ポイントとして、朝晩の冷え込みが厳しいことも多いので「重ね着」が基本です。お昼はTシャツにパーカーかシャツを羽織る、が良いでしょう。キャンプファイヤーのときは大概寒いのでさらにもう1枚羽織る感じです。火の粉が散るので、できればナイロン系は避ける方がいいですね。このことは子どもたちにもぜひ、教えてあげてください。

サコッシュバッグは便利！

　持ち物を入れるのには、スポーツ系ボストンバッグ＋リュック＋サコッシュバッグがおすすめ。リュックとサコッシュバッグはオリエンテーリングのときに使用します。「誰々さん見つかりました！」とか「○班通過しましたー」とか携帯電話で他の先生方と連絡を取り合う場面がたくさんあるので、リュックからいちいち出さずにすぐ取り出せるサコッシュバッグはとても便利です。あ、それから虫よけスプレーと日焼け止めも忘れずに。

場所によっては蚊柱とかあるので
虫除けスプレーも必須。
ネックカバーやタートルでガードも。

オリエンテーリングは
リュック＋サコッシュで！
一度使うとなしではいられない◎

余裕があればボストンバッグとリュックのテイストや色のトーンを合わせると素敵。

section
11

修学旅行

服装レベル

公共の場、きちんときれいめコーデで。
ベテラン先生に怒られないように！

旅行会社との打ち合わせを念入りに

　子どもたちがとっても楽しみにしている修学旅行。一生の思い出になると言って
も過言ではありません。そんな修学旅行ですから、しっかりと準備して楽しい当日
が迎えられるようにしたいですね。

　修学旅行は野外活動と異なり、旅行会社が間に入ることが多いです。ですので、
野外活動に比べたらめちゃくちゃ楽☺とはいえ、打ち合わせをきちんとしておか
ないと後々ややこしいことになるので慎重に。特に、台風などで延期やキャンセル
となった場合の扱いについて、保険関係について。

服装やバッグは、確認を！

　当日、先生はあちこち配慮しながら動くものの、ベテランになってくると楽しむ
余裕も出てくる感じです、修学旅行って。

　さて服装は、公共の場に行きますし行先の担当者さんとも会うわけですので、参
観くらいのレベル2で。スーツと決まっている学校もあるようです。特に決まって
いなければ、ジャケットを羽織っているコーデなら安心でしょう。カジュアル過ぎ
て学年主任に怒られている若手先生を見たことがあります☺　心配であれば、事前
にこんな服装で大丈夫でしょうか？とベテラン先生に聞いておくことをおすすめ
します。

　バッグはボストンバッグ＋通勤系バッグが良いでしょう。A4サイズの書類が入
ると便利です。こちらもできればきれいめで。

靴は？

　よく聞かれるのですが、すごく歩くのでヒールやローファー系は足が痛いと思い
ます。私は真っ黒のスニーカーを履いていました。スーツと馴染みます。

まずは学校の伝統を聞いてから！
特に決まりがなければジャケットで。
中だけ変えたらガラリと雰囲気のかわる
ブラウスとかで荷物を減らす。

靴は歩きやすいものを。
スニーカーに見えない黒スニーカーや
クッションの効いた靴がいいかも。

バッグはスポーツ系ボストンでも
いいけど、革系のボストンでも。
ガラガラ引くタイプは△
音がすごいから！！

運動会

服装レベル

地域によって特色のある、運動会。児童・生徒にとっても保護者にとっても大切なイベントなので、しっかり事前に確認を。

学校の一大行事

学校や地域によって春（5〜6月）に行われる場合と、秋（9〜10月）に行われる場合があります。転勤してこれがちがうパターンの学校に行くと、結構慣れるのに苦労するっていう先生あるある……クラス作りの配分がね。変わってくる☺

開催規模も学校によっていろいろで、お弁当を親子で食べるという昔ながらスタイルも健在。最近は給食のところや午前中開催の学校も増えてきているみたいです。

当日は早朝からライン引きとかをして、係活動もして、となかなかの体力がいる日といって良いでしょう。それまでの約1か月もさんざん練習しているので、体力を消耗しているころです。

服装のポイント

そんな運動会の日の服装は、基本的にはジャージなど体育の時の格好です。でも一応、参観なのでよれよれでないものを。白で襟付きとか、Tシャツはインするとか☺決まっている学校もあるようです。事前に確認を。

決まっていない場合は、Tシャツ＋ジャージパンツ＋帽子というコーデでOK。Tシャツは汗の目立たない白・ネイビーがおすすめ。黒はたくさん汗をかく人、塩吹きますよ（笑）。暑いからといってハーフパンツは△。ヒザ下を露出することについてはマイナスに捉える人もいます。

また、日焼けしたくないので、私はインナーに長袖の黒や白を着る重ね着スタイルでした。日焼け関連で言うと、首。ここがノーマークでIDホルダーの紐の痕がそのシーズンずっと続くっていう先生続出で。でも、タートル着ると暑いので、首だけ守れるネックカバーが便利です。帽子はキャップが合いますね、運動会の雰囲気に。とにかく、運動会だっておしゃれにいきたい！

結構みなさんおしゃれしたりする運動会。
ヨレヨレはだめ！
いかにも長袖も×じゃないけど
重ね着で軽快な長袖コーデもいい。

首元だけのネックカバーは
必要なときだけ着用できるから
とっても便利。

体育

酷暑＆極寒のときも、体育はある。耐えるのだ！

 暑いし寒いし！

　前述の運動会コーナーは、特に季節の良い時期の体育の服装という感じで、ここでは酷暑＆極寒のときの体育の服装についてお話しします。

 夏バージョン

　まず、夏。暑いですよねー、運動場。そして体育館も。それぞれ別の暑さですね。運動場は直射日光の暑さ、体育館は湿度の高いことによる蒸し蒸しの暑さです。

　運動場体育の日は、朝から日焼け止めを塗ってきて、直前に時間があれば上塗りするくらいの慎重さです。帽子とネックカバーは必須。運動会と違ってIDホルダーは外すものの、笛がありますからね。油断すると紐の痕がつく。

　体育館の日は、湿度対策です。外よりも大量に汗をかくかも。Tシャツの色、注意です。やはり白かネイビーがおすすめです。

 冬バージョン

　そして極寒の冬。一緒に動くときはいいのですが、サッカーの審判のときとかは、寒い！ そういうときは、中に見えないようにカシミヤの薄〜いニットを着るのです。順番としては、薄手の長袖の上にニット、そしてその上にパーカー様のものという感じです。見た目は「パーカー着ている人」だから大丈夫。ボトムは裏起毛のジャージパンツでした。

　上下ともにシャカシャカ系だと先生だけあったかくしてる感が出てしまうので、どちらかは綿っぽいのを着てください。カイロサンド（背中とお腹に貼る）も有効です。電熱が出る装置が内蔵されているベストなんかもありますね。

　アウトドア系ブランドのものは寒さ対策に良いものも多いので、チェックしてみてください。

寒い季節は重ね着で空気の層を作る。
中に見えないように
薄手のカシミヤニットを着ると暖かい！

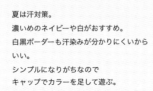

夏は汗対策。
濃いめのネイビーや白がおすすめ。
白黒ボーダーも汗染みが分かりにくいから
いい。
シンプルになりがちなので
キャップでカラーを足して遊ぶ。

水泳指導

謎ランキング1位。
先生の水着ってどうすればいいの？

最大の謎!?

　もしかしたら、これが新任の先生にとって一番の謎かもしれません。「水泳指導って何着るの？」もちろん普通の水着の訳がないし、じゃあ何？ となりますよね。詳しく解説したいと思います。

男子センセイは

　男性は、ハーフパンツタイプの水着＋ラッシュガード、そして帽子がいいと思います。女性もですが、男性も体のラインはあまり拾わないものの方が良いでしょう。露出もなるべく控えて。

女子センセイは

　女性のおすすめコーデは、下はトレンカにハーフパンツタイプのものを重ね、上はラッシュガード、そして帽子。それぞれポイントを説明します。

- [ ] トレンカ……足の甲まで覆うものがおすすめ。日焼け止め塗っててもサンダルの痕が結構つきますので。
- [ ] ハーフパンツ……そのまま水に入れるものがいいです。スカートタイプでもOK。
- [ ] ラッシュガード……長めでお尻の隠れるものがおすすめ。ラッシュガードのインナーには水着タイプのものを着ておきます。そちらも前開きなら早着替えに便利。
- [ ] 帽子……キャップでもいいのですが、バゲットハットやキャペリンハットなどのツバが広めもいいです。見本として泳ぐときはもちろん水泳帽。
- [ ] サングラス……使用するなら、メガネかな？ っていうくらいの薄めの色にしましょう。怖いので（笑）。
- [ ] その他……見本として泳ぐ場合は、メイク問題があります。上がったら顔がどろどろってことにならないように、ノーメイクが無理なら（若手はいける？☺）ウォータープルーフ系のものを。

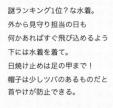

謎ランキング1位？な水着。
外から見守り担当の日も
何かあればすぐ飛び込めるよう
下には水着を着て。
日焼け止めは足の甲まで！
帽子は少しツバのあるものだと
首やけが防止できる。

section
15

音楽会

学年の先生が指揮をすることも！
決まりがなければ黒系の服でコーデ。

音楽会あれこれ

　ここ数年はコロナ禍であったため、音楽会の開催がなかった学校も多いかと思います。この行事も学校によって多少違いはありますが、音楽の先生か代表児童が伴奏をして学年の先生で指揮をする、というパターンが多いです。あ、伴奏を児童がする場合、オーディションは必ず学年の先生も入って複数で決めてくださいね。基準を明確に、問い合わせがあったら説明できるようにしておいた方がいいです。これまた揉めたりするんです……。話せば長くなるので置いておきますがお察しください☺

コーデのポイント

　さて、服装はというと、参観程度のレベル2であれば大丈夫です。指揮する場合は後ろ姿を見られるので、丈感とか注意です。指揮棒を振り上げたときに背中が出ることのないようにね。黒で揃えよう、という学校もあります。黒ならベルベット系とかサテン系が一部入っていると綺麗なのですが、あまり目立つとなあという立ち位置なら普通の黒のジャケット＋黒のパンツでOK。スカートなら長め。指揮台の上に上がる先生は特にですね。

　華やかにするなら、胸にコサージュをつけても素敵です。華やかさがどんな感じか具合がわからない場合は、一応コサージュとパールネックレス、パールイヤリングくらいを持参しておき、他の先生方の様子を見て着けるといいでしょう。

《ポイント》
・男性は蝶ネクタイをしても素敵☺
・コサージュやパール系アクセサリーは万能
・指揮をする先生は丈感に注意

コサージュやパールはここでも活躍。
でも学校によっては普通〜に普段着ですることもあるのでよく確かめて。
違いすぎると恥ずかしい...◎

section 16 学年・学級行事

服装レベル

お楽しみ会が「悲惨な会」にならないよう、いろいろな配慮を。

💡 プラスアルファのミニ行事

　ハロウィンっていつ頃から定番化したのでしょう😊 昔はなかったなあ。ハロウィンやクリスマスは、宗教色もあるので学校全体でイベントをすることはないでしょうけれど、学年単位や学級単位でお楽しみ会的にすることはよくあります。もちろん子どもたちも喜びますのでしてあげたら良いのですが、注意しながら！ です。

①買っただけのもの（衣装とかね）を使用して良いのかダメなのかを、きちんと統一する。クラス間でも差が出ないように。
②いろいろな家庭があるので、配慮が必要。
③手作りの良さ。材料のみ持ってきてもいいことにして、作る時間もお楽しみ会の一環とするという方法もある。学校でも画用紙やペンなど、フリーに使ってよい材料を準備する。

💡 先生の服装は

　コスプレをして演出するという先生もいますが、このあたりはやりすぎないように上品にいきましょう😊 英語の時間に、盛り上げる一環としてくらいがいいですね。そのイベントの色の服を着る、とかでも十分素敵！

💡 楽しい会になるように

　学期末にするお楽しみ会についても、企画を子どもたちに任せることがあるのですが、ときどきチェックして一部の子だけが楽しんでしまうということのないように留意しましょう。自主性はもちろん大事。でも傷つく子がいるなら話は別です。先生がいい具合に補佐しましょう。

　例えばドッチボールって人気があるように見えて結構苦手な子も多いんですよね。お楽しみ会は授業よりも揉める確率も高い！　みんな興奮気味なのでね。お楽しみ会でなく「悲惨な会」になってしまうことも学校あるあるです。アウトドア派インドア派、男子女子、いろいろと気にかけてあげましょう。

お楽しみ会関係は細心の注意をして。
悲惨な会にならないように◎
イベントが難しい場合は、
教室の一角を少し飾るだけでみんな喜ぶ。

イベントカラーの服を着るだけでも！

いろんな環境の子がいることや
いろんな考えの家庭があることを
よく認識したい。

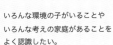

職員写真撮影

卒業学年の担任の先生はスーツが基本。他の先生もジャケット着用。
靴を忘れがちなので注意を！

忘れがち、先生あるある

　卒業アルバムの１ページに、職員全体の写真を載せます。事前に職員会議などで
「〇月〇日に撮ります」というお知らせがあると思いますが、すぐにメモを！　ア
ラーム設定をしてもいいくらいです。結構忘れがちのようで、当日「わー、ジャケ
ット忘れた！」という方が何人かいます。ロッカーに常備してあるジャケットを
貸してあげたこともあったなあ。

　特に、靴。後ろの方で写る人は見えないので大丈夫。って思って普段のスニーカ
ー履いてたら急に「〇〇先生、３年の時担任したから前へおいで」とか言われると
きが！　「ひえっ」てならないよう、一応黒っぽいきちんとした靴を準備しておい
た方が無難です。専科の先生や保健の先生も大概、前列です。

服装や髪色など

　ドレスコードは事前にお話があると思います。ない場合は尋ねましょう。夏に撮
る場合はジャケットなしのクールビズ仕様ということもありますが、秋の気候が良
い頃に撮ることが多いので、大体スーツもしくはきちんとしたジャケットです。管
理職や担任がスーツでパリッとしているので、きちんとしていないと浮いちゃいま
す。

　髪色もできれば、このときだけでもダークトーンにしておいたほうがいいですね。
結構髪色も目立ちます。

　最前列に座って写る女性の担任の先生、足をちゃんと閉じて少し斜め前に出すと
きれいに写ります！　手の指はピンと伸ばして軽く重ねてエレガントに。

　普段はしないかもしれませんが、ちょっとやりすぎくらいの姿勢や仕草でも、
写真写りとしてはちょうどいいです。

　卒業学年の担任の先生はアップの写真を撮ります。これまたのっぺり写るんだ
(笑)。チークで調整することと、ハイライトで立体感を出すことで工夫できますよ。

撮影日を忘れてて普段着で出勤する
あるあるにならないように◎

髪色注意
悪目立ちすることも

足は閉じる →
少し斜めにたおす

男性の手は軽くグーで
膝の上に

あんまり血色が悪いと素敵に写らないので、チークやリップで健康的に。
ちょっとだけ濃いめにして、撮影後にティッシュで押さえるのもあり。

入学説明会・就学時健診

服装レベル

役割によって多少違うものの、優しいイメージのきれいめコーデで。

基本はジャケットで

　秋頃〜冬頃に行われる、入学説明会や就学時健診。これらもジャケットを羽織っておけば無難です。

　入学説明会では、特に説明の担当に当たっている先生はジャケット必須です。春から通う学校はどんな様子かな、と期待と不安をもちつつ来校される保護者にまずバーンと印象づけるのがこのお役目ですから。信頼感があってその上、優しい印象のコーディネートだと完璧ですね。

　例えば淡いピンク系ニットの上にジャケットとか、普段きれいめのコーデではあまりしない「ニットの上にジャケット」もアリだと思います。堅すぎず砕けすぎずのイメージでいきたいところです。

役割によって

　就学時健診も同レベルの服装でいいと思いますが、新入生に内科検診や眼科検診など保健系の検査をする担当の先生は、きれいめカーディガンなどでも良いでしょう。体に触れることもあるので、あまりカチッとしていると緊張してしまうかも！そして、検査のときは意外と立ったり座ったりするので、伸び縮みして楽なパンツスタイルがおすすめ。

　面接担当の先生は、保護者も同席するスタイルの場合、やはり優しめジャケットコーデですね。

《おすすめコーデの例》

・説明の担当……淡いピンク系ニット＋グレージャケット＋細すぎないパンツ

・検診担当……ベージュニット＋伸縮性のあるネイビーパンツ

・面接担当……白ニット＋ネイビージャケット＋ふんわりスカーフ＋長時間座っていられる楽ちんスカート

学校の第一印象がいいと、4月からの
学校・学級運営もスムーズに。

ジャケットコーデが基本だけど、
新入生と接する役目なら柔らかい
イメージのカーディガンとかでも。

何より大事なのは、
優しい笑顔でということ。

出張

服装レベル

先生ってちょっとだらしないよね、とは言わせない！
ジャケットを常備しておくとgood。

先生のイメージ低下!?

　年に何回かある外部への出張。近隣の他校種の学校へ交流に行く場合や、地域の方との打ち合わせなど様々です。ジャケットを羽織るかそれと同様のレベルの恰好で行きましょう。あ、出張忘れてた！ 今日Tシャツだけどそのまま行くしかない……とならないように。本当はジャケットを羽織るつもりだったんです、ということは相手には伝わりません。「うわ、打ち合わせにTシャツで来たわ」という印象だけが残ります。

　特に企業の方と会う場合に普段着のままで行くことが重なると、「先生はこれだから……」と教師全体のイメージを悪くしてしまうことにもつながりかねません。

おすすめの方法

　とはいえ、急に出かけることになるときもありますので、この件についてはおすすめの方法があります。常時、ロッカーに汎用性の高いジャケットを1着入れておくという方法です。プチプラブランドのものでも数年前のものでも、処分する寸前のものでも何でも構いません。Tシャツで行くよりずーっといい。黒・ネイビー・グレーのプレーンなものだと何にでも合わせやすいですね。段ボールニット素材（ポンチ素材）のものはシワになりにくくて重宝します。サイズはどちらかというとやや大きめであれば、分厚いものの上にでも羽織りやすいです。

　私は、新しいジャケットを購入したら、既存の物の中から選んでロッカー常備用にスライドさせるような感じでローテーションさせていました。

　職員写真のコーナーで書いたように、撮影の日にジャケットを忘れた先生に貸してあげることもできます☺

ジャケットがあればどこでも行ける！ロッカーに常備しておくといい。
いいのじゃなくてもいいので。

スカーフも便利！

←Tシャツの上に
さっと羽織ると
お出かけコーデに。

卒業式

服装レベル

職員、保護者、在校生と感動を共有する美しい日。
決まりごとが多いので、細心の注意を！

学校行事の最高峰

　一年で最も美しい行事。学校全体で温かく卒業生を見送り、在校生や保護者と感動を共有する瞬間、卒業式。そのような場ですから、先生方も細心の注意を払って準備します。儀式的行事の最高峰ですね。当日は朝早くから出勤します（ちゃんと代休があるから大丈夫）。担当する仕事の最終チェックもありますので、本当に早朝です。保護者が並び始めるのもすごい早朝ですし。

会場は真っ黒です

　服装は、黒の礼服かスーツが一般的。保護者もそうです。インナーは白のシャツかブラウスです。寒いので見えないよう中に着込みます。カイロを背中お腹にサンドイッチ貼りすることも☺

　靴も黒。入学式のコーナーでも書きましたが、会場準備ができたら、事前に歩いてみることをおすすめします。特にマイク移動の担当の先生は、コツコツ・ゴツゴツと鳴り響くことがありますので、靴選びや歩き方で調整を。ヒールはなくてもいいのですが、少しあるとエレガントに見えます。3〜5cmくらいのものでしょうか。

　女性の先生はアクセサリー類も身につける方が多いです。コサージュ、パールアクセサリー。ここは入学式と同じですね。

　髪色にも注意です。明るすぎるとすごく浮きますので、3月のヘアカラーはダークトーンがいいでしょう。

袴も素敵

　6年生の担任は着物・袴もOK、という学校もあります。私は6年担任のとき毎回、着物・袴でした。特別感が出て感動もひとしお！足元は、歩きやすい編み上げブーツを合わせていました。大正ロマン的な感じでね。ただし、このあたりは学校によってルールとか雰囲気とかがあると思うので、早めに確認を。

早めに情報を仕入れて対策を練っておきたい卒業式コーデ。
コサージュとか急に買いに行ってもいいものが見つからないこともある！

基本、全身黒。

袴OKの学校なら、卒業させる学年を持ったらぜひ着たい！

先生も名刺を持とう

持っていますか？

　タイトルを見て「えっ？」って思われましたか。

　教師という職業って、名刺をあまり持たない業種なんですよね。でもこれ、結構少数派なのです。いわゆる会社勤めの方は大概持っていますよね。必要性を感じたのは、6年生の学年主任を任されることになったとき。修学旅行の関連で旅行会社やボランティアガイドさんと打ち合わせするのですが、次々にいただく名刺に返すものがない！　なんか恥ずかしいような悲しいような気持ちになったのですね。対等に交換したい！　っていうね。

　そこでいろいろ調べてみたところ、やはり同じようなお考えで名刺を持たれている先生がいらっしゃって。「よし、私も持とう！」とすぐに注文しました。

何を書くの？

　肩書……って何？　となりますよね（笑）。代表取締役とか部長とかのところ。教諭とか講師、でいいと思います。それと名前、学校の住所、代表メールアドレス、電話番号。私的な携帯番号などは書かずに学校のものだけでいいです。必要ならそのときに手書きで書く感じです。

　名刺入れも簡単なものなら安価でも購入できますので、ひとつ持っておくとよいです。私は職員室の机に入れていました。2〜3枚はお財布に、1枚はIDケースに。IDケースに入れておくと、住所とか電話番号とかとっさに言わないといけないときにもとっても便利なのです。一石二鳥。

　少量の枚数で作れるところもありますので、ぜひご検討を！　持ってるとなんかかっこいいしね（笑）。

Chapter

2

シーン別マナー

電話対応

section 21

電話についてはいろんなかけ方・受け方があるので、一例として参考に！

🔦 自分から電話する場合

【シーン1】 自分の学校への連絡

> あなた「職員の○○です、お疲れ様です。校長先生はお手すきでしょうか。……要件……失礼いたします。」

【シーン2】 隣の学校へ業務連絡

> あなた「恐れ入ります、○○小学校の○○と申します。いつもお世話になっております。生徒指導担当の○○先生はいらっしゃいますでしょうか。……要件……お忙しいところありがとうございました。失礼いたします。」

🔦 電話がかかってきた場合

【シーン1】 同じ学校の職員からの連絡

> あなた「はい、○○小学校○○でございます。」
> 職員「職員の○○です、お疲れ様。校長先生いらっしゃる？」
> あなた「はい、おられます。少々お待ちください。」

【シーン2】 校長先生への取り次ぎ

> PTA役員「PTA役員の○○ですが、校長先生はいらっしゃいますか。」
> あなた「いつもご協力ありがとうございます。校長はあいにく席を外しておりまして。戻り次第こちらからお電話いたしましょうか。……かしこまりました。（番号を聞いておく）復唱させていただきます。それでは失礼いたします。」

《ポイント》

- 「もしもし」で出るのは×　きちんと名乗る。
- 外部からの場合は「校長」と呼ぶ。敬称はつけない。
- 戻るかわからない場合は、明日になるかもということを伝えておく。
- メモなどをして、必ず校長先生に伝える。

保護者への連絡は、
あまりに敬語が丁寧すぎるとよそよそしく感じてしまうので加減が難しい。

外部からの電話で「校長先生は」
と言わないように！

受話器を置くときは、余裕を持って
ゆっくり置く。

電話、個人の物はなるべく使わない。
いろいろややこしくなるから◎

【シーン3】　地域の方からの報告や苦情

地域の方「あー、地域の者だけどね、運動会の練習してるの聞いてたら先生の言い方、あれなんとかならないのかね。……苦情……」

あなた「左様でございますか。心配をおかけして申し訳ございません。ご連絡いただきありがとうございます。校長のほうに申し伝えまして、対応したいと存じます。後日報告させていただきますので、お名前をお聞かせ願えますでしょうか。……略。」

《ポイント》

・本当のことか誤解かわからない内容もあるので、直ちに内容について謝るのではなく、「心配をかけたこと」を謝っておく。

・聞いている間、適切に相槌を打つ。低めの声で。

・できれば名乗ってもらう。

・最初の段階で、管理職に代われそうなら代わる。

・本当にあった例ですので、マイクでの指導は特に気をつけましょう（笑）。

【シーン4】　保護者からの欠席連絡

保護者「5年1組の○○の母です。お世話になっております。」

あなた「担任の○○です。いつもご協力ありがとうございます。」

保護者「今日はちょっと体調が悪いので休ませます。」

あなた「それはそれは……お大事にしてあげてくださいね。お食事は取れていますか？……略……それでは、連絡は○○でさせてもらいますね。早くよくなるといいですね。みんなと待っていますとお伝えくださいね。はい、では失礼いたします。」

《ポイント》

・外部からのビジネス電話よりは少し温かみのある話口調で。

・受話器を置くときはゆっくりと。すぐにガチャンと切らない。

・理由にもよるが、3日連続でお休みならできる限り家庭訪問をする。

・欠席以外の心配な連絡や長くなる要件であれば、その場で話し込むのではなく改める（朝、電話を独占するのも良くない）。できれば家庭訪問し、顔を見て話す。

いつも人任せにせず、自分から
電話に出る人になりたい。

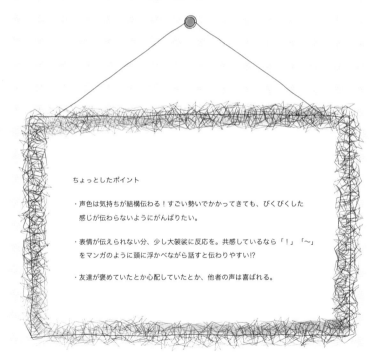

ちょっとしたポイント

・声色は気持ちが結構伝わる！すごい勢いでかかってきても、びくびくした
　感じが伝わらないようにがんばりたい。

・表情が伝えられない分、少し大袈裟に反応を。共感しているなら「！」「〜」
　をマンガのように頭に浮かべながら話すと伝わりやすい!?

・友達が褒めていたとか心配していたとか、他者の声は喜ばれる。

section 22 来客対応①

難易レベル

学校にはいろいろな人が訪れる。基本は素敵な笑顔で挨拶から！
ただし不審者対応の場合も考えられるので、普段からしっかりとマニュアルを
確認しておきたい。

💡 教育委員会の先生

　まずはよくある風景、「教育委員会の先生が校長先生に会いに来られた場合」で
す。
　学校敷地内で来校者を見かけたら、まず笑顔でこちらから挨拶を！

　　　あなた「おはようございます。」
　　　来校者「学校教育課の○○ですが、校長先生いらっしゃいますか。」
　　　あなた「かしこまりました、校長ですね。こちらで少々お待ちください。」

《ポイント》
・外部の方と同じように、校内の職員には敬称をつけない。
・ほとんどが元学校の先生なのでそんなに緊張しなくて大丈夫です（笑）
・「はい」や「わかりました」の代わりに「かしこまりました」を使えると、上級
　者。
・自分が案内できない場合は、職員室の場所への行き方を説明しましょう。

💡 不審者？と疑われるとき

　　　あなた「こんにちは。ご用件を伺いましょうか。」
　　　　相手「……」（何も答えないなど、挙動不審）
　　　あなた「保護者の方でしょうか。入校証はお持ちですか。」

《ポイント》
・必ず、声をかけましょう。
・ただし、刃物を持っているなど危険が見て取れる場合は、まず、周りの子どもた
　ちを避難させる。周りにいる職員と連携して対応する（学校に対応のマニュアル
　があると思うので、しっかり頭に入れておきその通り動く）。

笑顔で対応！
どんな表情で応対しているか、どんな声で話しているか、
どんな言葉を使っているか、先生の一挙手一投足を子どもたちは見て学んでいる。

不審者と疑われる場合は、無理せず周りの先生と
協力して。

普段から、もしこういうことがあったらどこに逃げて
どういう行動をとるか、子どもたちと確認を。

来客対応②

来客対応はパターンがあるようで、ないような。
訪れる方の表情や声のトーンを見極めて。

保護者

　次に、保護者の来校編です。まずはどんな表情で来校されているか見極めが肝要。
それによって対応する声のトーンにも注意。

・ケース①　基本の対応の場合
　　あなた「こんにちは。ご用件を伺いましょうか。」
　　保護者「3年2組の○○ですけど、○○先生おられますか。」
　　あなた「かしこまりました。教室かと思いますので確認しますね。こちらで
　　　　　　少々お待ちください。」

・ケース②　自分へ苦情？の場合
　まず様子がわからない場合は、基本の対応と同じトーンで対応して表情や口調を
よく感じ取りましょう。立ち話でいいのか、教室へ案内したほうが良いのか、校長
室へ行くようなことなのか、よく考えて判断しましょう。判断がつかない場合は、
とりあえずその場で待ってもらい、職員室に聞きにいきましょう！　焦っていても
焦っているように見せないように、ゆっくりと落ち着いて😊
　管理職や学年主任の先生がいたら、「このような要件ですがこの対応でよいでし
ょうか」と素早く確認を。複数で対応したほうが良い場合もあります。

《裏技》
　ケース2の状況で若手の先生に助けを求められたら、自分がそれまでに担当して
いた児童の保護者であれば特に、わざとに反対のドアから出て「あー○○さんこん
にちは！　今日はどうされたの？」と声をかけに行きました。そうすると概要がつ
かめたり、保護者もワンクッション置けるので気持ちが落ち着いたりすることもあ
ります。連携、助け合いです。

まずはどんな表情か！
その後の対応はそれを見て判断。ひとりで抱え込ます、先輩センセイに頼って
教えてもらおう。

先輩センセイといっしょに話すことで柔らかくなる場合も。

重要案件は、相手の人数＋1で対応するのが基本。

慶事

こうしないといけないという決まりはない！ 自分の判断でいいところ。わからないから様子を聞きたいという場合は、まず学年の先生に相談を。

学校での慶事について

　学校に勤めていると、いろいろなお祝い事に出会えます。ここでは特に、職員の慶事関連についてお話します。

　慶事のお付き合いは、もちろん強制ではなく任意です。ただ、私の知る限り、お祝いを贈ったり贈られたりという文化は多くの学校で健在のようです。「出産祝い・快気祝い・結婚祝い・転勤のお餞別・退職祝い」がよくあるケースです。

　職員の親睦会システムがある学校では、積み立ててある会費からお祝い金を贈ります。それは一律の金額なので、特にお世話になっている同僚であればプラスして渡す場合もあります。

お付き合いの例

　よくあるのは、学年や島（学校では職員室の机のグループを“島”ということがあります）で取りまとめて贈るパターン。人数によって切りのいい金額にして渡します。例えばお餞別を5人で1万円にする、など。品物で渡す場合もありますし、切りのいい金額にならなかった場合に品物で調整するということもあります。

　転勤のお餞別や退職祝いであれば、何年もいっしょに組んでいたなど度合いによってひとり単独で渡すこともあります。お礼の言葉やメッセージカードだけでも感謝の心は伝わります！

　お祝い事があるとその年の親睦会の幹事さんが、いつお渡しするかなど声をかけてくれると思います。

お返しについて

　いただいた場合は、内祝いの形でお返しします。ただし、お餞別のお返しについては、3割～半額程度をお返しする場合と、ハガキでお礼を伝えるだけの場合があります。転勤を経験された先生に伺ってみましょう。

御出産御祝と
一行で書いても可

連名の場合は
目上が右側。

基本的には、
何度あってもうれしいこと→蝶結び（ほどける）
それ以外は結び切り。

結婚祝いは、
「御結婚御祝」と書くか、
「寿」で。偶数にしない！

お見舞いは、一応紅白で良いが何となく…
という場合は白系で。

お餞別は紅白。

カジュアルで良さそうな間柄
なら、かわいい祝儀袋も！

section 25　弔事

難易レベル

弔事関連のお付き合いやマナーについても任意ではあるものの、地域差がすごくあり判断しにくいこともあるので、年配者に教えてもらった通りにするのが無難かも。

💡 弔事関連

　悲しいことですが、勤めていると弔事もあります。こちらも基本は学校や地域の文化によって違いますので、長くおられる先生に様子を確認しましょう。

　お葬式に関することも、親睦会があればそちらからお花や樒、弔電を手配することがあります。また、香典や弔問に関しては、ご親族の方から辞退される、ということもあります。特に指示がなければ、同僚の先生と相談をしてください。こちらも慶事と同様、学年や島でいっしょにすることが多いです。

　弔問する場合の服装や持ち物は、一般的なマナーに沿っていれば大丈夫です。仏式・神式などということについても連絡があると思いますので、事前にマナーを調べておくと良いでしょう。ネイルをしている人は、黒レースの手袋をひとつ持っておくと急な弔問にも対応できます。

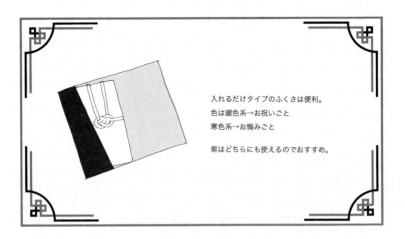

入れるだけタイプのふくさは便利。
色は暖色系→お祝いごと
　　寒色系→お悔みごと

紫はどちらにも使えるのでおすすめ。

水引は結び切り。

表書は相手の宗教にあわせる。わからないときは「御霊前」で。

裏側 ：上を被せる（悲しみは下向きと覚える）

中袋 ：中袋裏には金額と住所と名前を書く。

あくまで一例なので地域のしきたり等に従う。

仏式 　　　　　宗教共通

 黒白も有る

キリスト教式 　　　神式

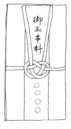

【参列する場合】

香典はふくさに包む。

アクセサリーは結婚指輪
以外は基本的につけない。
つける場合は、パールか
ブラックオニキス。

男性のネクタイは黒の
無地の結び下げ。
ピンはつけない。

手紙の書き方

難易レベル

学校現場でもメールのやりとりが増え、手紙を書くことはあまりなくなってきたが、書く必要のある場合はきちんと調べて丁寧に書きたいところ。

 お手紙の実例

　10月、修学旅行でお世話になったボランティアガイドさんにお礼のお手紙を書く場合を例に挙げます。

拝啓
□秋の深まりとともに、校庭のイチョウが美しく色づいてまいりました。
＊＊様におかれましてはますますご健勝のこととお慶び申し上げます。
□先日の修学旅行の際には、子どもたちのためにお時間をいただき誠にありがとうございました。
□現地で伺う専門家の方からのお話は、やはり教科書で学習した以上に子どもたちの心へと響いたようです。これより教えていただいたことを活かして、まとめの学習を行ってまいりたいと存じます。
□子どもたちの書いた感謝のお手紙を同封させていただきます。拙い表現の部分もあるかと思いますが、心をこめて書きましたので、どうかご容赦ください。
□向寒の折、風邪など召されませぬようご自愛くださいませ。
敬具
□□令和○年10月18日

　　　　　　　　　　　　　　　　　　　　　　　　　　田中美香子□

＊＊＊＊＊様

《ポイント》

・パソコンではなく、手書きで丁寧に書きましょう。どちらかというと、縦書きがいいです。

・□の部分はひとマス開けて。

・学校で唯一？「敬具」などを使うときですね☺ 少し硬い表現かな、くらいが丁寧でいいと思います。

・芳名は、最初に書いても構いません。

・イベント後、なるべく早く出すようにしましょう。

時候の挨拶

1月	新春	厳寒	寒風
2月	春寒	残寒	残雪
3月	早春	春暖	春雪
4月	陽春	花冷	桜花
5月	新緑	薫風	若葉
6月	初夏	梅雨	向暑
7月	盛夏	猛暑	大暑
8月	晩夏	残暑	納涼
9月	初秋	白露	野分
10月	秋雨	紅葉	初霜
11月	暮秋	落葉	向寒
12月	師走	寒冷	新雪

書き出しに「〜の候」とするといい語句

結びは、
（例）
「時候の理由＋どうかご自愛くださいませ。」
「時候の理由＋風邪などお召しになりませぬようお過ごしくださいませ。」

メールの書き方

一般的なビジネスメールとほぼ同じ。一度何かで調べて基本を押さえておくと良い。職員間でのメールは、それよりやや軽めのルールで大丈夫。

 ケース1　同僚への業務連絡

> ○○先生
>
> お疲れ様です。会議の資料をどこかに保存してくださっていると思うのですが、見つけられず……。お時間あるときでいいのでファイル名を教えてください！
> 田中

《ポイント》

・きっと資料入れ忘れてるんだわ、と思ってもこう書くと角が立たないです☺ かわいい付箋に書いてもいいですね。

・お疲れ様ですというフレーズは、ややカジュアルな表現なので、同僚以外には使わないほうが無難。

 ケース2　隣の学校の先生への校務分掌関連の連絡

> ○○小学校○○先生
> いつもお世話になっております。□□小学校の□□□でございます。
> 3校の研究主任で集まっての相談をとお願いしておりました件ですが、○○先生のスケジュールはいかがでしょうか。……略……よろしくお願いいたします。
> 　　　　　　　　　　　　　　　　　　　　　　　　　　　　　　　田中

《ポイント》

・スケジュール調整は、忙しそうな方から聞く。一度に聞きたい場合は表などを適当な場所に入れておき、入力してもらうとよい。

・「～いたします」は、ひらがな表記。

メールを送るときは...

・わかりやすい件名をつける

・用件は簡潔に

・返信はなるべくその日か次の日くらいに！

・送信する前にもう一度宛先を確認。

書き言葉って難しい。きつい感じになっていないか、客観視を◎

連絡帳の返事の書き方①

難易レベル

びっしり書かれた連絡帳を見ると驚いてしまう、先生あるある。
でも、マイナスのことばかりとは限らない！

嬉しい内容のときもあります

　担当している子どもの保護者から、学期末などにお礼のメッセージをいただくことがあります。自分の教育活動が間違っていなかったのだと確認できる嬉しい瞬間です。ここでは、返事や嬉しい報告に関する書き方をご紹介します。ちなみに、連絡帳でメッセージをもらった場合は、その横にお返事を書いて差し支えありません。

返事を書く時間がある場合

　百人一首の暗唱をとても頑張っていたAさんの保護者から、学期末にお世話になりましたと連絡帳にメッセージをいただいたケース

> 　いつもご協力いただきありがとうございます。また、このような温かいお言葉をいただき恐縮でございます。○○さんは、休み時間にも友達と楽しみながら暗唱していましたので、こちらも見ていて嬉しくなりました。お家でも披露されたのですね。一生懸命前向きに取り組めるというのは素晴らしいことです。
> 　2学期もどうぞよろしくお願いいたします。

バタバタして時間がない場合

> 　いつもご協力いただきありがとうございます。また、このような温かいお言葉をいただけて恐縮でございます。2学期もどうぞよろしくお願いいたします。

　できれば、下校時にでもいいので児童に「先生とっても喜んでいたよって伝えてね」と声をかけておきたいところです。

連絡帳にメッセージをもらっても、
お返事を書く時間がないことも。
でも、そのような状況は相手に伝わらない！
だから、とりあえずはひとこと書く。
後で連絡することだけでも…

そして、できれば最初のころの通信などで
見たら必ずひとこと書くようにしていること、
書いていなかったら見ていないということ！という
前提を伝えておく。

そうすると、子どもがウッカリ（じゃないときもあるけど笑）見せてなくて…
「見たの？見てないの？」という誤解トラブルを防げる。

連絡帳の返事の書き方②

連絡帳の返事の仕方、これは先生にとって永遠の研究課題。書き言葉は誤解されやすいことも頭に入れて、マイナスの事項はなるべく「書かない」方向で。

ああ連絡帳

　前のコーナーと違って、こちらは悲しいお返事です……一応押さえておいてくださいね。大事なのは、マイナスの内容をなるべく書面に残さないということです。子どもの連絡帳でしたら、子どもがその一冊が終わるまでずっと目にする訳ですから……かわいそうです。込み入った内容の場合は、できる限り顔を見てお話する形に持っていきましょう。電話で予定を聞いてから、家庭訪問するのが最良です。

ケース1　プリントを渡し忘れていた！

　ご指摘について返事をする場合。何回も続くと信頼を失ってしまうので注意。

> 　いつもご協力いただきありがとうございます。この度はプリントの件でご迷惑をおかけしまして、本当に申し訳ございません。私が失念しておりました。以後気をつけたいと存じます。お忙しい中、ご連絡ありがとうございました。
> 　　　　　　　　　　　　　　　　　　　　　　　　　　　　　　　　○○

後ほど連絡する場合

> 　この度はご迷惑をおかけして申し訳ございません。放課後に連絡させていただきます。
> 　　　　　　　　　　　　　　　　　　　　　　　　　　　　　　　　○○

ケース2　重要案件など

　すごく込み入った内容の数ページにもわたる連絡帳が来た場合。この場合は、管理職に見せて指示を仰ぐ。また、コピーを取っておく。返事は以下のように書き、放課後に対応する（こちらの非が明らかな場合は、ひとこと謝罪も入れる）。そして、内容によっては複数で対応する。

> 拝読しました。この件につきまして、放課後に連絡させていただきます。

マイナス事項は、なるべく書面で残さない。これが原則。

「後ほど連絡する」ということを丁寧に書き、話す形に持っていく。

できれば顔を見て話したい。

section
30

家庭への連絡

難易レベル

良いことは書面でも電話でもOK、マイナス事項はなるべく残さないのが鉄則。

💡 ケース1　頑張っていたことを褒める場合

　子どもが頑張っていたことを一筆箋で家庭に報告するケース（このような連絡を
マメにすると、先生と保護者と子どもの間に良い循環が生まれます。）

> 　いつもご協力いただきありがとうございます。○○さんのおかげでお友達が
> 今日、逆上がりに成功しました！温かく励ましながらコツを伝授する様子は本
> 当にほほえましく、私も嬉しかったです。お友達も○○さんの優しさに感動し
> ていました。○○さんは本当に優しいお子さんですね。またお家で褒めてあげ
> てくださいね。

《ポイント》

　事実＋先生自身が嬉しかったということを盛り込む。ぜひ家庭でも褒めてほしい
ということも書く。子どもも読むので、自己肯定感が上がります！

💡 ケース2　マイナス要素の強い内容の場合

　いじめが疑われるなど、マイナス要素の強い連絡をする場合は、①②の順番で対
応し、なるべく顔を見て話すようにしたいものです。対応マニュアルがあると思い
ますので、そちらに従いましょう。

　①電話にてアポイントを取る
　　「○○さんの担任の□□です。いつもご協力いただきありがとうございます。
　お話したいことがございまして、できましたらお顔を見てと思っておるのです
　が……お時間のご都合いかがでしょうか。」
　②家庭訪問に行くor来校してもらう

《ポイント》

　必ず知り得たその日の内に一報を入れる。不在の場合でも留守電を入れておく
（留守電の場合、詳細は入れない）。対応の流れについては、必ず管理職や学年主任
と相談し、場合によっては複数で対応しましょう。

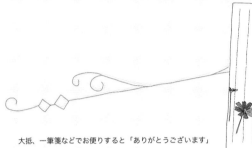

大抵、一筆箋などでお便りすると「ありがとうございます」
というお返事があり、みんなハッピーに。
でも悲しいけど、すごく褒める内容書いても
お返事がない場合もある。
そんなときも、気にしない☺のさ。

私用の電話は使わない方が！

column
2

お世話になっております

先生の地位向上!?

　電話のことでね、気になっていたことがあるのです。別にいいと言えばいい、そんなレベルのお話なのですけれど。

　何かというと、保護者からの電話を受けるときのフレーズのことです。

「はい、○○小学校の○○でございます。」
「○年○組の○○です。お世話になっております。」
「・・・・・・・・・」←ここ

　みなさんここはなんと言っておられますか？「お世話になっております。」と返したいところなんですが、なんか……なんかね。誇りというか自負というか（笑）。そこで私はこう言っていました。

「いつもご協力いただきありがとうございます。」

　どうでしょう。これなら感謝は伝わるし、意味としてもおかしくない。こちらのフレーズを推奨します！

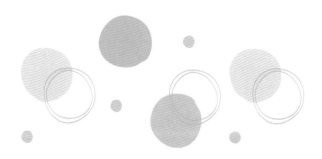

Chapter

3

教師としての
ふるまい

section 31 児童生徒への接し方

児童・生徒に優しくすることと、甘やかすこととは別。
厳しくも愛情がそこにあり、言われたほうも納得していれば信頼関係が築かれる。

💡 どのような先生が慕われるか

　序章でも述べましたが、慕われる先生の条件として次のようなものがあります。

- ☐ わかりやすい授業をしてくれる
- ☐ 信頼できる
- ☐ 魅力的な一芸をもっている
- ☐ 元気で明るい
- ☐ おしゃれ（特に高学年以上の女子はこれも重要）

　先生お一人ずついろいろな考え方があるとは思いますが、私が20年教師をしてきて感じた一例。これらが連動して先生と児童・生徒との関係を良いものにしてくれます。ただ優しいだけではいけません。児童・生徒が社会に出たときに困るような行動は、しっかり修正しておいてあげなくてはならないですから。愛情ある厳しさというのは、ちゃんと伝わります。

　そのひとつに、たとえ1年生であっても、「趣意説明をする」ということがあります。これがないままにするべきことだけを言っても、ただの命令。どうしてそれをする必要があるのか理解した上なら、納得して行動できます。納得のいくように、しかも良いことをたくさん教えてくれる先生は、信頼しますよね。

💡 友達先生⁉

　若手のときは、仲良くしようとするとどうしても友達のようになってしまいがちなのですが、そこは先生としてしっかりと一線を引いておきたいところ。指導者として、いい意味での「けじめ」です。楽しく遊んであげることは良いことですので、それをしながらも時として毅然とした態度の場面が必要です。その上で、たくさんの愛情を注いであげてくださいね！

さまざまな生活スタイルがあり、いろんな考え方の保護者の
元で育つ子どもたち。
近年その違いが一段と顕著に感じるかも。
先生の教育の信念はすごーく大切だけど、所々柔軟にしても
素敵なクラスになる！

要は、先生がしんどくならないで！ということ◎

保護者への接し方

難易レベル

大応援団になってもらい、同じ方向を向いていっしょに子どもたちを教育していけると最高。

大応援団になってもらう

　世の中にはいろんな人がいるように、保護者にもいろんな方がいます。中には自分と似た考えの人もいるでしょうし、ちょっと違う考えだな……という人もいるでしょう。しかし、基本的に保護者のみなさんは先生の応援団です。日ごろから丁寧に接して良いコミュニケーションをとっていると、大応援団になってくれます。そのためには、例えばこのようなことをしてみてください。

　　・子どもが頑張っていたことを連絡帳や一筆箋で伝える。
　　・子どもが家で楽しかったと話せる内容を仕掛ける。特に最初の3日間で。
　　・電話はいいことでも、する。

　前の学年のときのトラウマで「先生からの電話があったら、何かやらかしたことの報告」と思い込んでおられた男の子のお母さんが、褒める内容の電話ですごく感動してくれました。そういうやりとりをして信頼関係ができると、やらかしたことを報告しても😊、受け止めが違います。

人間だもの

　あ、でも中にはどうしても合わない無理！って方もいますいます（笑）。それは仕方ない。お互い人間。そして大人は基本変わらないものだ、とあきらめてその方以外の応援団を増やしていきましょう（渦中にいるとなかなかそこまですっぱり切り替えられないのも存じておりますが😊）。

　すごいなあ、優秀な先生だなあと思うような方でもそうみたいですよ。5年に一人くらいはどうしてもうまくいかない人に出会うと、学校みんなで判断してそれを納得いただけないような感じなら、もうしょうがないと。法律に基づいて、筋を通していたらOK。

　でもたまに、そういう人でも、子どもが変わると大人も変わるということもあるから、おもしろい！

保護者は応援団。サポーター。
そうなってもらうため、その関係を維持するため、できることはやってみたい。

でもね、できないこともある。
合わない人もいる。
大体は話せばわかってもらえるけど、話してもわかってもらえない人もいるさ。

そこはすぱっと諦めて！（良い意味◎）

ちゃんとした手順は踏んで対応し、管理職と共に「法的に間違っていない状況」
まで持っていったらOK。

あとは、わかってくださる応援団と楽しい学級経営を！

そうは言っても
気にしちゃうのが先生。
わかる！

section 33 地域の方への接し方

大応援団パート2。地域の方は、学校にとても関心をもってくださっているので、協力を仰ぎたいもの。失礼のないように接したい。

地域との関わり

　これも赴任した学校がどのような地域かによってかなり違うのですが、田舎に行けば行くほど「人」との密接度が高いように感じます。熱心に学校のことを気にかけてくださるおじいちゃんがいたり、それは学校ではどうしようもないわ（笑）ということを電話してくる方もいたり。本当にいろいろです。

登下校を見守ってくださる方には

　前者のような方なら大事なことは、大きな声での挨拶です。これが一番。門の前の横断歩道に立ってくださっている方の横を通勤の車で横切るときは、「おはようございます！ ありがとうございます！」とさわやかに叫ぶ。お年を召されていたりすると聞こえにくい場合もありますが、しっかり伝えたいので大きめの声で。

　もちろん車の窓を開けて誠意を見せましょう。「さわやかな先生だな。好感が持てるぞ。」となります。雨の日も風の日も朝早くから学校のために立ってくださっているのです、なかなかできることではありません。これぞ学校の応援団、感謝が伝わるようにしたいですね。

？？のケースでは

　後者のタイプ、どうしようもないわのパターンは、迷わず管理職に対応を代わりましょう。その場で安請け合いすると、「あの先生がやりますと言った。」と、とんでもないことになります。「ご心配をおかけしております。私では判断しかねますので、管理職に代わらせていただきます。」と心配をさせていることだけの確認にして、管理職に対応を任せます。

　外で安全指導をしているときなんかにも声をかけられて……ということがありますが、そのときも対応は同じです。後ほど連絡するためのお名前や連絡先を伺っておきましょう。大抵こういうケースでは名乗られませんけど◡ 名乗られない場合でも、「名乗られませんでしたが、こういうことがありました」と管理職への報告は忘れずに。

学校のことを応援してくださる地域の方。
当たり前と思わず感謝する、ということを
子どもたちにも伝えたい！
そして元気な挨拶がお礼だということも。

業者さんへの接し方

滲み出る、人間味。あまりにも横柄な態度は周りの人から見ても不快なもの。
気さくに接していると、情報もいただける！

 横柄な態度!?

　学校に教材の注文を受けに来てくださる教材屋さん。年度初め、大量の見本がど
こかの教室を占拠するのは、学校あるあるですね（笑）。

　私が勤めているときに気になっていたのが、そのような業者さんへの先生の接し
方。ときに横柄な態度をとる先生も見てきました。もちろんこういったことは決ま
りとかではありません。……教師は業者から見たらお客様だからいいのでしょうか。
レストランとかでもそうなさっているのかしら。

　でも、保護者にはすごく低姿勢でへりくだり、業者さんにはとても偉そう、では
「素敵な先生」からは程遠いですよね。滲み出るものです、立ち居振る舞いに。少
なくとも周りの同僚はマイナス評価をしているのではないでしょうか。

　あなたは大丈夫だと思いますが、もし意識していなかったなという方はぜひこれ
から意識してみてくださいね。低姿勢になれというのではなく、誰にでも気持ちよ
く接したいということです。日常の指導で、子どもたちにも言いますものね！

　「人によって態度を変えず、みんなと仲良く」って ☺

情報通

　そして気さくに話していると、いろんな情報を教えてくれるのも業者さんです。
使いやすい教材だったり、他の学校でうまくいかなかった事例だったり。その対策
まで！ 私も特に理科専科のときとか、すごくお世話になりました。情報は人が持
っているというフレーズが見事に当てはまります。ネットにはそんなひとつの教材
の細かいことまで書いていませんからね。教えてくださって本当に感謝です。

〈メモ〉

　集金をして業者さんに支払うという一連の流れは、なるべく現金を扱わない方向
へシフトしつつあります。扱わないと余計に数字の見落としなども発生しやすいの
で注意が必要です。

誰にでも気持ちよく接する
一社会人でありたい。

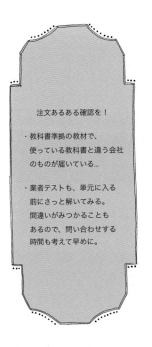

注文あるある確認を！

・教科書準拠の教材で、
　使っている教科書と違う会社
　のものが届いている...

・業者テストも、単元に入る
　前にさっと解いてみる。
　間違いがみつかることも
　あるので、問い合わせする
　時間も考えて早めに。

ネットやSNSへの対応

難易レベル

先生による、SNSへの投稿。明確なルールはなく、それぞれの判断に任されている部分も多い。使うなら慎重に利用したい。

決まりはないので…

最近はSNSでの先生の発信も増えてきています。もちろん、してもいいとかだめとかの決まりはありません。だからこそ、それぞれのモラル判断に任されるところです。私自身はどうだったかということをお話したいと思います。あくまで一個人の考えです。

Q　どんな内容の投稿だったの？

今はインスタグラムを中心に教育技術系のことから先生のおしゃれについて、そしてセンセイカプセルの宣伝まで投稿していますが（@senseicapsule）先生時代に投稿していたのは、趣味の範囲の内容でした。コーディネートやヘアアレンジ、風景の写真とかです。小学校の先生であるということは、ちらつかせてはいました☺

Q　顔出しは？

運営しているショッピングサイトでもそうなのですが、横向きもしくは後ろ姿、正面のときはアートっぽいモザイクなどでアレンジしていました。知っている人が見たらわかるかな、という程度の出し方です。

Q　気をつけたほうがいいと思うことは？

もちろん、個人情報が漏れる可能性のある内容です。個人が判明する児童の写真・個人名・成績関係がだめだということはみなさん共通理解しているところでしょう。教室の様子や学校の様子を載せるときも、個人名が見えていたり地域がわかったりすることもあるので、本当に怖いと思います。自分は知らせていいと思っていても、知られたくない人の情報がいっしょに写っていることも考えられますので、そのような内容の場合は細心の注意が必要です。あとは、誹謗中傷・悪口大会にならないように☺

周りの人や見た人が傷つかない、楽しい内容であればいいなと思います。鍵アカウントにして先生仲間にだけ見えるようにされている先生もいますね。

教室の写真などは、掲示物や机横に吊っているものまで
個人情報があふれているので気をつける。

いろんな立場の人が見ている。
言わないけど「あ、〇〇先生だ」ってわかってて見てるってことも。
一応そのことは念頭において細心の注意を！

ま、決まりはないんだから自由なのだけど...

教育技術のちょっとしたポイントとか
ネタとか...◎

『先生×おしゃれ』に関する発信もしてる
のでチェックしてね♪

Instagram
@senseicapsule　センセイカプセル

年賀状

書くか書かないか

　年賀状、どうするは完全に自由です。受け持っている子どもたちや同僚・管理職の先生に書くかどうかね。自由という前提のもと、お話します。

子どもには

　まず、受け持っている子どもたちに対しては、どちらかというと「全員に書くよ」という先生が多かったように思います。私の周りではね。でも私は書いていませんでした。これまた持論ですが、年賀状はお世話になった方とか目上の方に出すイメージを持っているので、スタンスとしては「子どもたちから来た年賀状に全力で返す」方式でした。家庭によっては全く出さないとか出せないとかいう場合もあるので、それも考慮してという意味でもあります。

職員間では

　同僚の先生や管理職の先生に対しても、全員に出すということはしていません。むしろ若手の先生が気を遣うだろうと思って、自分が教務主任になってからは管理職の先生に、職員間は出さなくていいよという内容のことをわざわざ終業式の終礼などで言ってもらうようにしていました。出したければ出すし、基本出さなくていい。これが一番かなと思っています。その代わり、3学期の出会い頭にはきちんと立ち止まって、心を込めて挨拶をします。

Chapter
4
職場の
コミュニケーション

管理職

管理職とも挨拶＋一言で普段から気さくにコミュニケーションを。
苦手な人は、必殺お菓子渡しもあり。

 管理職の先生はさみしいらしい

　私も長く教師をしていましたので、たくさんの管理職の先生にお世話になりました。校長先生も教頭先生もそれぞれカラーがあって、学校運営の仕方も違います。それは当然のことですよね。相性もあるでしょう。でもいえるのは、「かわいがってもらった方が絶対得」ということです。管理職の先生から聞いたことがあるのですが、教諭から教頭になったとたんに職員のみんなが遠く感じるらしいのです。みんな一線を引くわけですね。それは当たり前なのかもしれないですが、さみしいらしい♡ だから重い問題の相談以外にも、なんやかんやとお話ししたりしていると気にかけてもらえます。

 何を話すといいの？

　長話は必要なくて、普段は挨拶＋一言くらいで十分。そういうコミュニケーションをとっていると、重い相談も言いやすい？ かもしれません。ちょっとした会話から、「それ対応しといたほうがいいんじゃない」って初期段階のアドバイスがもらえたりもします。
　緊張するという人は、ちょっとしたお菓子を「甘いものどうぞ」って机に置く、でもいいです（笑）。

 積極的に授業を見てもらう

　やっぱり先生は授業が上手でナンボというところがありますから、腕を磨いていきたいものです。でも誰かに見てもらわないと独りよがりになってしまうかもしれません。そこで、管理職の先生に見に来てもらうのです。学校によっては管理職の先生がホームページの写真をアップする役目をしていることもあるので、「今日2時間目にシャボン玉遊びします」などと伝えておくと、写真を撮りがてら見に来てくれます。後で講評を聞いてみましょう。そして来てくれたことへの感謝を伝えてまた来てもらいましょう♪

いろんな人がいる、それは管理職も同じ。
相性はある！
校長先生か教頭先生かどちらかでも話しやすいといいなぁ☺
副校長先生とか教務主任とかでも、相談に乗ってもらいやすい人が
ひとりでもいるといいなぁ。

先輩先生

難易レベル

若手のころには一番お世話になるかもしれない、先輩先生。
節目節目できちんと感謝の意を伝えることが肝要。

お世話になります

　採用試験に合格すると、右も左もわからないまま、ベテランと同じようにクラス運営をしないといけないという過酷な職業です、教師は。そんなときまず大変お世話になるのが、先輩の先生。教師ですからとっても上手に教えてくれます♪ 特に学年を組んだ先生は、何から何までお世話になるでしょう。ベテラン先生からすると、若手の先生に教えてあげるのは当然のことなのですが、大変なことは大変です。自分の仕事だけでもすごい量ですものね。

感謝を伝える

　ですから、ことあるごとにしっかりお礼を伝えましょう。日常の挨拶はもちろんのこと、学期始めや学期終わりには改めてお礼の言葉を言うようにします。
　「1学期も○○先生のお力を借りて、無事乗り切ることができました。ありがとうございました。」
とか、
　「2学期もたくさんのことを質問してご迷惑をおかけするかもしれませんが、どうかよろしくお願いします。」
とかね。
　わかってくれてるからいいや、ではなく改めてきちんと伝えるようにしてくださいね。そういった一言で、胸がすっとするものです、教えた側も。またかわいがってやるか、となるんです。ちょこっとしたお菓子なんか添えるともっといいかも。盛大にかわいがってくれます☺
　3学期の初めは、年明け間もないですから、
　「あけましておめでとうございます。今年もよろしくお願いします。」
と挨拶します。廊下で歩いているときでも、ちゃんと一旦立ち止まって言いましょう。きちんとした印象を与えます。

Instagramの投稿でも言っていますが、節目節目の挨拶はすごく大切。
わかってくれているだろう、ではなく改めてちゃんと口に出して伝えると
いうことが肝要！
そのひと言があるのとないので先輩先生はかわいい度が違うかも◎

そして自分が先輩先生になったときに、後輩先生に恩送りね。

普段、17時台に帰るぞという
強い意志を持って（笑）職員室でお菓子を
食べないようにしているのですが、
お菓子外交は大事だとも思っている◎

同僚先生

難易レベル

仲良しなら最高、学年チーム。お互いに励ましあって過ごしたい！
年の近い同僚とは、くだけ過ぎに注意。

チーム

　先生をしていて楽しいことと言えば、もちろんクラスの子どもたちとの日常についてのこともあるのですが、同僚の先生との交流も楽しいことの一つです。逆にここがうまくいっていないと、とてもしんどい。さらに言うと、子どもたちとの関係がうまくいっていないとか、保護者との関係がうまくいっていないとかいうときでも、学年の先生と仲良しであれば何とか乗り切れたりもします。みんなで励まし合うのです☺

合わない人もいるぞ

　いつでもそんな素敵な学年チームなら非常にラッキーです。しかし、合わない人だっています。合わないというか、考え方が違うというか。それは仕方のないことです、あきらめましょう（笑）。何度か言いましたが、大人は基本、変わりませんからね。そのようなときは、挨拶と、笑顔と、業務連絡だけでいいのです。無理してまで合わせる必要はありません。ただ、喧嘩する必要もありません。うまく乗り切る方向で、考えましょう。１年間ですから。

注意ポイント

　気の合う同僚ばかりだと、気を使わなくていいし楽しい！　でも、気をつけたいのが、どうしてもなあなあになってしまうことです。年の近い同僚の先生と話すときなんかは特に、ちょっとくだけた言い回しをしがちなのですが、下校指導の帰りに話しながら歩いていて、近所の方が聞いてぎょっとする……というようなことにならないように！　いわゆる若者言葉をお仕事中に先生が使うのを聞いて、保護者や年配者はあまりいい気持ちがしません。仲の良い先生同士でも、お仕事中ということは忘れずに。

　あ、ちなみに勤務時間外の食事会なんかでも、誰が聞いているかわからないので話題には気をつけたいです！　先生声大きいから☺

仲良しのチームは、最高。
いい雰囲気って子どもたちにも伝わるものです。

得意なことも得意でないこともそれぞれ
あると思うので、補い合ってこそ。
1年後に、解散するのがさみしい！というくらいの
チームになるといいな。

よその学校でも、雰囲気の良い職員室って、なんかわかるよね◎

後輩先生

難易レベル

経験年数の近い先生の方がわかってあげられることもある。
押しつけることなくアドバイスを。褒めて伸ばすのは子どもも大人も同じ！

声をかけてあげて！

あなたが若手数年目の先生なら、数人の後輩先生がいるでしょう。どうですか？
かわいがってあげていますか？

若手の先生のほうが、採用されてからの年数が近いので、困った感などを理解してあげやすいかもしれません。大きな問題へのアドバイスはベテラン先生にお任せするとして、日常のちょっとしたことへの助言は、どんどんしてあげてくださいね。新任の先生にしてみたら、あまりに質問することが多すぎて、もうこれ以上聞きづらいわという状況のときもあるでしょう。そんなときにちょっと「こんなことで困っていない？」と声をかけてあげられる、優しい先輩先生でいてあげてください。

でも、アドバイスの押しつけはいけません😊 何事も良い加減、が大事。先輩風がきついのか「あの人とは学年を組みたくない」なんていうことを言う若手先生もいます……お仕事なのですからそんなことを言ってはだめですが！

子どもも大人も

最近の傾向なのかどうかわかりませんが、ちょっと否定するとすねちゃって（笑）聞き入れられないという若い人が増えている感じがします。私の気のせいかもしれません😊

ひと昔前なら「なんだその態度は」ってさらに先輩から怒られそうですが、いまはね。パワハラになったりしますからね。だから、後輩は褒めて伸ばす。これが一番です。「ここがとってもよかったよ。すごいねー、まだ先生になって間もないのに。あ、ここはこうしたらうまくいったよ。」とかね。優しいの😊

子どもも大人も基本いっしょです。ちょっと忍耐が必要かもしれませんが、褒めて伸ばしてあげてください！

良い先輩センセイは、

・子どもも同僚も褒める
・どこの学校に転勤しても通用する技術や考えを教えてあげる
・ゆずれないことと戦わなくていいことをそれとなく体感させる
・新任の先生は、何を聞いたらいいのかすらわからないということをちゃんと
　理解して安心させてあげる

良くない先輩先生は、

・威圧的
・子どもの前で指摘する
・悪口を言う
・代案を言わない
・やる気がないことが見てとれちゃう

section 40 学校の職員

難易レベル

先生以外で学校を支えてくれる方たち。
感謝の気持ちを、伝えられる機会にはぜひ伝えたい。

事務員さん

縁の下の力持ちは、学校内にたくさんおられます。仲良くしているといいこといっぱい！ まずは職員室に近い場所から。学校事務の方です。私が出会った事務員さんは、みなさんとても優しくてお仕事のできる方ばかりで。本当にお世話になりました。書類関係ってわかりにくいものがたくさんありますよね。普段から仲良くしておくと聞きやすいし、「金額の計算書いておきますねー」とか言ってもらえて非常に助かる☺

電話の近くに席がありますので、電話をとってくれることが多いのですが、当たり前という風に思わないで、きちんと「ありがとうございます」と言いましょう。「○○先生、誰々からお電話です」と言われると、その内容が気になってしまい「はい」とだけ言って電話に出てしまいがちです。

業務員さん

こちらも、学校周りのお世話をしてくださる縁の下の力持ち。さまざまな場面でお世話になるのですが、挨拶はするけどあまり話さないなあという方も多いのではないでしょうか。にこやかに挨拶できていればそれでもいいのですが、欲を言えば挨拶＋一言です。「おはようございます。昨日電球を替えてくださったのですね、ありがとうございます。」とかですね。

給食室の方

おいしい給食、本当にありがたい！ 子どもたちといっしょに給食を取りにいったときに顔は合わせるけれど、話す機会ってない……。給食の時間はすごくバタバタしているのでなかなか難しいのですが、その学期の給食最終日に取りにいくときには、クラスの子に「ありがとうって言わない？」って提案をして、当番みんなで「１学期、おいしい給食をありがとうございました、いただきます」とご挨拶をしていました。すごく喜んでくださるので、子どもたちもうれしそうです。そういうコミュニケーションの形もあります。

事務員さんにはお金関係の書類とかほんと難しいことを
教えてもらったり、予算の相談に乗ってもらったりする！
お菓子外交の対象◎

業務員さんもいろんなカラーの方がおられるけど、お花でいっぱいに
してくださる方や、便利な道具を手作りしてくださる方もいて
とても頼もしい。ぜひ、お話してみて。

他にも、さまざまな方の支えがあって
学校が成り立っている！
感謝したい。

column
4

「一任」の美学

12月の一大事

　12月頃になると頭をよぎる、来年度のこと。転勤か留任か。ライフスタイルとの兼ね合いですごく迷うところですよね。提出して落ち着いたら、次は担当学年をどうするか。これもさらに迷うところでしょう。

積極的希望

　このことに関してもお考えは人それぞれあると思いますが、持論としては「積極的な希望」を推奨しています。どういうことかというと、「〇年生はしんどいから嫌」とかではなく、「まだ〇年生を持っていないから、〇年生を持ちたい」といったふうに。自分の経験値を増やして、その上で適正を活かすというのが理想だと思っています。ですので、若手の先生はなるべく早いうちに全ての学年を経験してほしいな、と思います。そして、これはお仕事なのですから、どこは持ちたくないとか誰と組みたくないとか、そんなことを言っては恥ずかしい。プロ意識を持ちたいものです。

そして一任へ

　最終的な理想は、学校長にお任せするという「一任」です。ちなみに私はというと、最初の6年間で持ったことのない学年を希望してそのあとは一任。まあそうすると高学年ばかり回ってくるという（笑）感じでしたが。そして次に転勤した1年目は学校のことがわからないので、1年生だと迷惑をかけるかもとは申し上げましたが、基本的に一任していました。もはや美学です。

MIKAMOおすすめの逸品たち

　さて、最後にほっとひと息のオマケ的コーナーです。

　先生のための百貨店「センセイカプセル」で人気の定番商品をご紹介したいと思います。現役時代に私が実際に使っていた名品や、欲しかったからコラボして作っちゃったというものまで。（順不同）

「みました」スタンプの3個セット
田丸印房さんとコラボ

　小学校の先生ならうなずいてくれるでしょう。
　評価スタンプ「がんばろう」はほぼほぼ押さないことを。
　そう、諸事情により（笑）いちばんよく使うのは「みました」ですよね。
　うんうん。さてはベテランの先生ですね？

　今回コラボしていただいた田丸印房さんは、京都の老舗の判子屋さん。
　有名なお寺の御朱印用なども手掛けておられます。
　歴史の「ひとことスタンプ」と言えばご存じの先生も多いでしょう。
MIKAMOも先生時代、愛用しておりました。細かいところまですごくきれいに出るし、いろいろいろいろ使ってきたなかでも劣化しないことこの上ないのですよ。さすが老舗の判子屋さん！

　そのような素晴らしいお店とコラボした、他では絶対ない「みました」の3個セット！ちなみにコラボスタンプのデザインは、私。いつもノートに描いていたキャラクターなのです♪

これは本当におすすめ！

私も現役時代からいまもずっと愛用中のパンツ。機能性がありながら参観などにもOKのこの感じ、控えめに言って最高です。

去年とか週に2〜3日は必ずと言っていいほど履いてました。

だってね、

①何にでも合う。

②年中着られる。（冬は中にタイツとか履いても。ニットと綿パンツだともっさりなるけど、すこーしシャリ系なのでメリハリコーデに。）

③ガンガン洗えてしかもイージーケア。洗うほどしわがなくなる感。

④食べ過ぎておなか苦しくなったらホック外してもチャック下がらない。

⑤股上深めなので、しゃがんでも背中が出ない。

⑥雨の日でも濡れない！撥水加工強っ。

⑦のびーる。強い生地。

これだけそろってたら買うしかないでしょう。

お値段はちょっと高いかも？って最初思うんですけどね（笑）、3〜4年くらい履いててガンガン洗っててなんともないので、割り算すると3千円台のパンツ買ってるのと同じやんって。高見えして、結局同じくらいの値段だから得ってなるなって。このタイプは流行りとか関係なく定番ですしね。そういうものは、いいもの買っておくに限ります♪

★「WWS×センセイカプセル」センセイスーツも
2023年3月中頃発売予定。
先生向けに特化した、機能性・デザイン性抜群の
自信作。参観や懇談に大活躍間違いなし！

教室から職員室、学校から家へ、せっせとノートを運ぶ機会って結構ありませんか？

　1クラス分って35冊とかで、さらにプリントとか貼っているので1冊が太くて重くて……こんな悩みを少し解消するバッグ、あったらいいですよね。しかもデザインかっこいいのがいいし。ということで、作ってもらっちゃいました。作家さんによる手作り！という贅沢仕様。

　センセイカプセルコラボの自信作トートバッグです。

　一般的にイメージするいわゆる帆布バッグよりしっかりとした厚さの生地で高級感を醸し出していて。テープ部分も幅広でこれも高級感あり。

　現役時代、ノート用バッグを探していたのですが、トートバッグの既存のサイズではなかなかノートを「横にしたまま積むように入れる」スタイルに合うものがなくて。伝わりますかね？提出したままの形で入れたい。

　横にしたまま入れて型崩れしないものがよかったので、お話して特別に作ってもらった、という経緯になります。

　中身はポケットなどはなく（あるとノート入れにくい笑）、超シンプルな仕様です。ノートが見えないように、ということであれば、スカーフをかぶせるといい感じです。

　普通の荷物を持っているように見えて、かわいい！どこの？ってなります。

　★野外活動や遠足に特化した、シンプルis BESTな
　　イニシャルサコッシュも春と秋の期間限定で展開。

給食指導の際、先生もエプロンをしますよね？

私が選ぶ時の基準は、

- ☑ かわいい
- ☑ 丈夫
- ☑ シワになりにくい
- ☑ 着脱しやすい

でした。みなさんはいかがですか。

これらの条件に当てはまるのがなかなかない！ ということで、作ってもらいました。

生地はフィンランドのデザインスタジオnorthern connectionのミーラ・ズカレ氏をはじめ、本場デザイナーによるデザイン。

北欧"風"というのはよくありますが、これは正真正銘ホンモノの北欧デザインなんです。

それを日本国内で染めて日本国内で縫製したという贅沢仕様。作りがすごく丁寧で、生地も丈夫なので長く愛用できます。

洗濯後もあまりしわが気にならないのも最＆高。

男性にも女性にも、どんな年代の方にもOKな柄。

ボタンなどはなく、さっとかぶるだけ時短（笑）。

4時間目の体育のあと「時間ないー、早く給食取りにいかなくちゃ」というときにもすごくいい！

本当に、作品としてとっても素敵。

センセイカプセルTシャツ

先生ほどTシャツを着る職業があるでしょうか！

体育はもちろん、ちょっとした作業や普段の服まで。カジュアルなものもいいのですが、少～しだけきれいめのTシャツってすごく重宝しますよというご提案です。

Tシャツが少しきれいめだと、下に何をもってきてもクリーンな印象のコーデになりますよね。急に保護者対応となってもよれよれのTシャツで対応したりするとすごくマイナスイメージですからね。

こちらのTシャツは、そんなクリーンなイメージに加えて、速乾性あり、イージーケアであり、お尻隠れる長め丈という私のこだわりが詰まったアイテムとなっております。肌触りはさらっとしたポロシャツのような感じ。持った瞬間、「軽っ」てなります。リレーのゼッケンくらいの重さ（イメージ笑）。

汗染みも目立ちにくいネイビー色なのもポイント。

洗濯したあと、なんにも伸ばしたりせずそのまんま干して取り込み、そのまま着てもシワ、ある？ という感じです。くたっとヨレませんしね。

男性でもMサイズくらいの方までなら着られます。

今回、このようなわがままTシャツをいっしょに作ってくださったのは、ABRAHAMさん。百貨店系に出しておられる、素敵ブランドさんです。そのTシャツの型を使わせていただける贅沢。内側の品質表示は高級ブランド笑。そして日本製。

左下に見えるデザインタグは、センセイカプセルタグ！

首のタグは、私いつもTシャツのチクチク気になるので、あえて付けない仕様です。

オープン記念として誕生したTシャツです。

教務必携などの専用カバー

BLANC COUTUREさんとコラボ

　一般の方に「教務必携」って言うとだいたい「何それは？」ってなりません
か？（笑）。

　特別な中身だし、先生しか使わないので学校に出入りの業者さんから購入。
表紙のデザインとかは選べないんですよね。これがまたなかなかの渋さ……

　そんなとき、ブランクチュールさんの手帳カバーをネットで見つけて、教務
必携に合わせて作ってもらったんです、7年前くらいかな。

　現役時代の出会いです。

　使っているうちに経年劣化で少しずつ色が変わっていくのもいい具合なん
です。革のエイジングですね。一度作ったら何年でも使えるので、お値段以上
のコストパフォーマンスでした。

　そして、センセイカプセル創業にあたり、愛用してましたと声をかけさせて
いただきお願いしたところ、快く引き受けてくださって、コラボが実現。

　コラボ品の工夫のひとつとして、革製のしおり紐もいい具合につけていただ
きました。少し本体より長くしてあるので、その日その日がとても開きやすい
仕様。

　こういったこだわりも元センセイというところを発揮しています（笑）。

　滋賀県の素敵な工房で職人さんたちが手作りしてくださっているのを実際に
見て、やっぱりいいものはこういうところで作ら
れるのだな、と思った次第です。

教師って参観で授業するときや懇談会等、結構ジャケットが必要な場面があ
りますね。

　私も現役時代、いろんなジャケットを購入しました。条件として、

- ☑ 着やすい（さっと羽織れてボタンとかもスムーズ）
- ☑ シワになりにくい
- ☑ 軽くて着てて楽
- ☑ 黒板に書くとき手が上がりやすい
- ☑ お尻隠れる丈

そのようなこと（条件多っ）を中心に探していました。

　これらの条件にあてはまるものとして見つけたのが、NORD CADREさんの
ジャケットでした。お手頃価格でしたし、高見えするので本当によく着用して
いました。若手の先生にもよく「どこのですか？」って聞かれましたよ。

　シンプルなので小物を変えるだけでいろんなイメージに変えられることも魅
力です。個性の強いジャケットとかって一回着たら次はちょっと間開けて着よ
うってなりますけどね。

　見逃せない点は、やはりお値段以上ということ。この機能性でこのデザイン
でこの見栄えでこの値段はあり得ない！ と思っていたら、やっぱり良すぎる
ということがこちら側の人になってからわかりました（笑）。もちっとした気
持ちいい素材です。

　正式名称はコンフォータブルジャケット。Ｔシャツに羽織るだけできちんと
感がでるので、5時間目の参観前にさっと羽織るとい
うのもありです。

入学式も卒業式も両方OKコサージュ

garlandさん

　新任や若手の先生が迷うところベスト3に入るのではないでしょうか。式関係の服装やアイテム。

　コサージュつけることは聞いたけどどんなんにしたらいいの！ ですね。

　しかも入学式には適度な華やかさ、卒業式には明るすぎない落ち着き具合、と両方兼ねようとすると難しくなりますよね。

　そこで、用意しました！ 両方にOKのコサージュ。

　薄めの紫って両方いけるんですよね。私の長年の経験からの結論です。

　音楽会の黒系服などにも素敵。

　裏面はピンとクリップが両方ついているので、ちょっとしたことですがこれも便利ポイントです。

　こちら、作家さん【garland】による手作りのお品です。

　いつもすごく丁寧に作ってくださるし、デザインや色合わせがどれもとってもかわいい。

　それぞれの作品がちょっとどことなくアンティーク風でもあるからか、厳かな式など学校シーンにぴったりで、超おすすめです。

センセイカプセルサイト　https://www.senseicap.com

ここでは、インスタグラムの投稿コメントやDMなどでいただいた、服装やマナーに関するみなさんからの疑問にお答えしようと思います♪

4月から新任です。学校で働くにあたりどんな服を買ったら良いのか迷っています。

MIKAMO's ANSWER

　新任センセイ、おめでとうございます。学校の服装は「きれいめカジュアル」が基本と思ってください。日常はね。それにジャケットやスーツをちょいちょい着用するといった感じです。学校によって服装の雰囲気も多少違いますが、最初はきれいめのシンプル仕様で様子を見られてはいかがでしょうか！　具体的には4月だとブラウスにストレートパンツなんかがおすすめです。男性ならカジュアルシャツにデニム以外のパンツとか。寒かったら上に動きやすいストレッチジャケットやきれいめパーカーを羽織ります。

　ファッションアプリのWEAR（ユーザー名：mikamo）に私の現役時代からの実際のコーデがありますのでよかったら参考に。また、センセイカプセルにあるものは学校OKの基準のものばっかりですので見に来てください（笑）。

教師のネイルカラーやまつエクやピアスって、これはだめとか決まりがあるんでしょうか？

MIKAMO's ANSWER

　決まりはありません。すべてセンセイ自身の感覚に任されています。地味がいい、何もしないのがいいのかというと私はそう思わなくて。先生だっておしゃれしましょうね😊　子どもたちもおしゃれなセンセイが担当してくれるほうがうれしい！

　ただ、その場に合っているかTPOを教えるのも先生ですから、何でもいいというわけでもありません。上品なおしゃれがいいですね。

私はネイルもヘアカラーもまつエクもしていましたが、すべて「ナチュラルに見える」というのを根底に置いていました。指先がきれいに見えるために肌馴染みのいいベージュピンクのネイルとか、バサバサまで行かずにまつ毛長い人くらいに見えるまつエクとかね。

　ヘアカラーは結構これ人によって（キャラによって）見え方ちがうので自分研究というところもあるのですが（笑）詳しくは次の3で大いに語ります😊

　ピアスはね。開いていますが学校ではあえてのイヤリングで。なんでしょう、このあたりはもう感覚でしかないのですが、イヤリングは落ち着いて見える気がするという（笑）。懇談や参観でパール系なんかをしていました。また、片耳だけつけるイヤーカフは、軽くおしゃれできて目立ち過ぎないので愛用していました。

　でもすべては学校の雰囲気もあると思いますので、最初はよく様子を見てくださいね。誰かに言われるとしゅんってなっちゃいますからね！

3 先生ってヘアカラーするのは良くないですか？ してもいいとしたらどんな色がいいですか。

MIKAMO's ANSWER

　これは本当に質問も多い！ 先生もぎりぎりまでおしゃれしたいよということで私が現役時代に模索した研究結果をお伝えします（笑）。結論としては、ヘアカラー、上品であればしてもいいと思います。

　明るさの具合の表現のひとつに「トーン」っていうのがありますね。これで、だいたい先生は、7、8、9くらいって思ってください。数字が大きくなるにつれて明るい感じになっていきます。新任の先生は7のトーンであれば無難でしょうね。一般の会社とかで7トーンまでっていう規則のところも多いみたいです。中堅の先生以降は9とかでもいいと思います。50代ベテランとかになったらもう、なんでもOKみたいなとこはありますね（笑）。

　同じトーンでも色みによって印象もちがうので、一概には言えないのですけど、ぜったい髪色のことで保護者とか管理職とかからマイナスに言われたくない、というのであれば、7トーンのグレージュがおすすめです。新任のみなさん、メモしましたか？ 7トーンのグレージュね。グレージュは落ち着いてみえるし、おしゃれ感も出るのでおすすめです。赤みの少ない感じでだれにでも似合うしね。

　あとは、お顔の感じとか印象もいろいろだと思うので、自己分析して、結構チャラく見えてしまうなあ私、と思ったらやっぱり7で様子みましょう。最初に印象で

損する人、見てきましたからね。いいクラスつくれるようになったとか、実績がで
きてくるまでは、おしゃれしつつ落ち着いた印象、がいいと思います。元気ないっ
ていうのとはまたちがうからね。元気いっぱいの、でも落ち着いた信頼感のある先
生、を目指してください。

　押しも押されもせぬ実績ができた先生は、10トーンでも何もこわくありません
（笑）。

 生徒から「どうして化粧したらだめなの？ 先生はしていいのに」と聞
かれうまく答えられません。返答例を教えてください！

　この手の返答、確かに難しいですよね。先生と生徒さんとの関係性にもよると思
うんです。おもしろ返事でいいのか、真剣に答えるのかがね。私はクラスの子とか
にならこんな感じで答えるかなあ。

〜本質に触れず流す系〜

「そんなお肌きれいやのに塗らんでええやん、うらやましいわ。」
「大人は隠さないといけないとこがいーっぱいあるからな。」
「聞いてや、これめっちゃ高いんで。大人になったら買いや。」
「メイクは二十歳になってから。あ、いまは18でもいいんかな。卒業してから
　やな。」

〜まあまあ本質系〜

「そうだね。ほんとそう思うよね。理由のひとつは、いまはまだ肌が成長しきって
　ないから化粧品の成分は良くないってことがあるらしいよ。あとは、いろいろ
　隠したい大人向けに作られているから、顔から浮いちゃう感じでもったいない
　気はする。先生個人の考えだけど。」
「そうだね。ほんとそう思うよね。先生も子どものときそう思ってたわ。上品で
　わからんくらいだったらいいんじゃないのって個人的には思うけど、派手にし
　てしまうとなんか狙われやすいとかなるんじゃない？ 誤解を与えるっていうか。」

　どう答えるにしても、生徒さんにとって突き放された感が出ないようにだけした
いなって思いますね！ 共感から入るのがいいですね。

5 仕事を17時台に終わらせるコツを教えてほしいです。早めに帰るにあたって同僚への配慮とかもあればぜひ。

　先生はそもそも仕事が多すぎ！ ですよね。これを何とかしないことには定時退勤はできないですね。もう質問者さんも「17時台」とか言って定時はあきらめてる（笑）。

　先生の仕事を減らすことは行政の大きな話になってくるので😊、地味にコツコツできそうな時短術をいくつか挙げておきたいと思います。これだけで一冊書けそうなのくらいあるので（笑）3つだけ。

　まず、テストはなるべくテストの時間に一部でも丸をつけておく。これです。テスト監督や質問に答えることもあるので、まるまる採点するというよりかは記号問題だけをばーっとつけておくとか、考えずにできるとこだけね。一部だけでも始めておくと、放課後続きをするときでもなんかスムーズに取りかかれる気がします。丸ごと置いてると敬遠して放置しちゃう（笑）。

　次、放課後にノートや宿題を見るときは、立って見る。座って見るより数倍早い感覚です。先生の事務机は低いので教卓でやってました。宿題のおすすめについては次のQで触れますね。

　そして、最後にこれは毎日絶対というわけではなくていいと思うのですが、職員室ではお菓子を食べないようにしていました。食べると和んでしゃべっちゃう（笑）。いやそれもコミュニケーションとして大切だし、chapter 4 でも述べたようにお菓子外交自体は大事だと思っているのですが、時短という点ではね。帰る時間がどんどん延びちゃう。放課後は教室にこもってさっと仕事を済ませます。そして17時台に帰る人、という雰囲気にしておく（笑）。でも、質問者さんもおっしゃるように周りへの配慮は必要ですので、こもる前に「今日は何かしておいたらいいこととかありますか」「教室にいるから遠慮なく呼んでくださいね」とか学年には声をかけましょう！ そしてときどきお菓子は配る（笑）。

6 小学校高学年の宿題のおすすめってありますか。いつも宿題を見るのに時間がかかってなかなか帰れません。

　宿題ね。持論では、宿題で何か学習内容を学ぶというよりは、一定の集中力をつ

ける訓練だと思うので。「学年×10分」を目安に集中できたらいいなと思います。
だから集中する訓練が日頃できるなら、宿題じゃなくて習い事でもお絵描きでもい
いと思っている（笑）。

　さて。おすすめのお話ですが、困ったときの自学帳でしょうね 😊 自主学習系。
これは、出しようによっては児童も保護者も困る宿題、先生もじっくり見だすと際
限ないということになってしまいますので、いくつかポイントがあります。

①必ず1回目は学校で取り組む。

　　質問もできますし、学校で周りの様子を見ながら一生懸命取り組んだ1回目が、
　　これからの自学帳のスタンダードになるからです。

②1回目を行うとき見本を配る。

　　これは前年度担当した児童のすばらしい見本があると、いちばんイメージしや
　　すくて良いのですが、なかったら先生が理想の見本を作ります。

③自学帳によさそうな項目を20個くらい挙げたものも配る。

　　「気になったニュースへのコメント」とか「家族にインタビュー」とかの項目
　　を挙げておき、プリントにしてノートに貼らせる。

④できれば1回目の日のうちにいくつかコピーして掲示する。

　　学級通信で紹介してもよいでしょう。どんどんイメージが定着してレベルアッ
　　プしていきます。

⑤評価するなら、評価の基準を必ず伝えておく。

　　私はABCで評価していました。普段くまちゃんのキャラクターを描いていま
　　したので、くまちゃんのシルエットの枠の中にAとかBを書きます。Cは残し
　　たくないので描きません。「くまちゃんの枠だけ」状態がCです（笑）。

　　どうしたら上の評価になるかアドバイスを聞きにきてもいいよということにし
　　ておきました。

　これを放課後見るときには、ABCの3つの山にまず分けて、ABC評価を書いて
いくだけなので、基本15分もあれば完了します。

 **前任校で担当していた子が卒業する際に贈るお祝いのメッセージ、形や
内容はどんなものが良いでしょうか。NGな言葉とかもあるのでしょうか。**

　いわゆる祝電のことですね。ああ、もうあの子たちが卒業なのかあってしみじみ
する瞬間ですよね。

学校文化では、既製品よりかは手作りのものを送る場合が多いです。色画用紙を
ベースにしてメッセージを貼るというのが多いのではないでしょうか。シンプルな
ものだと紺色やエンジ色、渋いグリーンなどの画用紙にメッセージを印刷した白い
紙を貼るという形です。習字がお得意な先生なら筆字もいい！

内容は素敵な詩や歌詞でもいいですし、未来にはばたけというような内容のメッ
セージでもいいです。最後に名前を入れます。担当した学年の先生の連名で送る場
合も多いです。

それだけでもいいですが、周りに装飾をしても華やかになります。私はよく色紙
の型抜きで蝶をたくさん作り、周りに飛ばせていました。紺の画用紙ベースに金と
赤とかで飛ばすと映えます♪ 幼稚園の先生から来るのとかすごく豪華でかわいい
から負けない（笑）。

結婚式とかお葬式のように、忌み言葉などはあまり気にしなくていいと思います。
明るい未来イメージの言葉を選んだらOKです！

 **転勤するときや新しい学校に赴任したとき、同僚への贈り物はどんなも
のがよいでしょうか。**

MIKAMO's ANSWER

異動関係ですね。もちろん渡す渡さないは決まりではありませんので、自由なの
ですが、ちょっとした贈り物をされる方が多いように思います。

パターンは2つあって、ひとつは全員にお菓子や消耗品なんかを配るパターン。
金額にして200円から400円くらいでしょうか。和菓子とかが多くて結構かぶる
（笑）のでめずらしいお菓子にするか、付箋やハンドタオルなど小物にしてはいか
がでしょう。

もうひとつは、学年の先生やお世話になった先生に少しいいものを贈るというパ
ターン。やはり小物関係が多いかなと。金額にして500円〜1000円くらいでハン
ドクリームとか入浴剤とか、あまり好みがちがうと困るようなものでないもので
（笑）。

その2つのパターンを組み合わせて両方するとか、学年にはちょっといいもので
他の方にはお菓子、とかが適当ではないでしょうか。メッセージカードを添えると
とても喜ばれます。

その時期になったら忙しい先生に代わってセンセイカプセルでもご用意があります
のでよかったら😊

9 今年初めて学年主任になりました。3人の担任の足並みがそろいません。やることがバラバラで困っています（笑）。

まず、困ってないやん（笑）って思わずツッコミました

はい、そろいません。大人3人だからそろいません（笑）。そこはそろえようとするのではなく、主任さんであればリードして良い実践とかうまくいった方法とかをシェアして、「それはいい！ 真似してみよう」という流れで自然とそろっていく、というのが理想ですね。逆にメンバーの良い実践も取り入れて歩み寄ることもできます。

時に合わせる必要のあるところだけは、主任としてバシッと（バシッとじゃなくてやんわりでもいいけど）趣意説明をしましょう。大人も子どもも同じです、趣意説明は大事。絶対合わせないといけないところだけしっかり。そうじゃないところは気にしない！ これです。子どもたちに不利益がいかないようにはしたいですね。

10 社会人からの転職です。学校での先生のメイクはどんな感じですか。あまり濃くするといけないとかあるのでしょうか。

MIKAMO's ANSWER

これは先生によってすごく差があります！ ノーメイクの方からばっちりメイクの方まで もしかしたら激しく動いてとれちゃってノーメイクっぽく見えているだけかもしれないけど（笑）。

私は、健康的に美しく見えるように、メイクはしたらいいと考える派です。将来のために日焼け止めは必須ですし、顔色を整えるためにファンデーションも塗るし、血色よく見えるようにチークも少し。チークもリップも濃いとこってりするので、どちらかを引き算するように塗りますね。眉は汗でなくならないようにアートメイクで並行眉気味にしています。優しさの中にきりっとしたものが見える、が私の理想です♪

授業でしゃべっているうちにリップは結構とれてしまうので、チーク重視がいいかもしれないですね。

エピローグ

　ここまで読み進めてくださったあなたに、心より感謝いたします。

　きっと、読者のみなさんの多くは、全国津々浦々の学校現場などで日々奮闘しておられることと推察します。

　何度も繰り返しますが、先生は本当にすばらしいお仕事です。社会の根底を支えている重要なお仕事です。そのことを誇りに思い、心身ともにクタクタになりながらも 😊 楽しくお仕事してくださいね！ そして、あなたの素敵な姿を子どもたちにたくさん見せてあげてください。

　この本を書くにあたって、改めて教師のお仕事や在り方について考えました。

　教師として楽しく充実した日々過ごすためには、何を大切にしたらよいか。もちろん答えはひとつではないですが、私はこう考えます。

　まずは、何事も基本を大切にする。授業の進め方であったり、対応であったり。そして、基本を大切にした上で、『自分色』を出していく。自分色とは魅力、個性、オリジナリティのようなものですね。

　自分色もしっかりと表現しながら、同僚や保護者や担当する子どもたちとの関係がうまくいっている状況を作りたい、そう思うのです。

　自分色が認められているなら、きっと充実感を感じながらセンセイができると。

　そして、その自分色を受け入れてもらいやすくするための土台を作る方法のひとつは、おしゃれすることも含めた、身だしなみやマナーなのではないでしょうか。好感度を上げて聞き入れ体制を整えてもらうイメージです。同じことを言っても、土台があるのとないのとで明らかに届き方がちがいますから。好きな先生の言うことは聞きますものね。

　そういったことを対策しながら、あなたの想いをバーンと伝えてあげてください。すべてにとって良い循環になっていきそうです。

　さて、学校の現状はというと。もっと授業の準備に時間をかけたいのにかけられない、もっと子どもたちと遊びたいのに余裕がない、いろんな声を聞きます。

授業や児童・生徒への対応「以外」のことに時間を取られ、また、事務的なお仕事にも時間を吸い取られ、先生方は疲弊しています。しかも、先生方は真面目なので、疲弊していても頑張ります。体や心を壊してしまうまで頑張ってしまうのです。

　そのような状況では、本来それぞれの先生がもっているとても良いところ・実力が発揮できず、ひいては日本の教育の未来が明るくない……となるわけです。

　本来のみなさんの実力が、遺憾なく発揮できる環境になることを願って止みません。

　いまの立場の私にできることはないかと、いろんな角度から模索し続けていきたいと思います。

　いっしょに頑張りましょう。

　最後になりましたが、教育関連の本としてはめずらしい、図鑑仕様の（フルカラーの！）本を作るということで、おそらくそれこそ奮闘してくださったことでしょう、学事出版の方々。私の細かいこだわりや思いを受け止めていただき、本当にありがたく思っております。

　いつも応援してくれる家族や親友も、ありがとう。

　この本が世に出るまでの間、関わってくださったすべての方に感謝いたします。

　みなさんのおかげで、「ここにしかない、センセイのための本」が出来上がったのではないでしょうか。

　いろいろな判断が難しい学校現場で、少しでも先生方の参考になれば幸いです。

　それではみなさま、どうか心身の健康に気をつけられ、それぞれの場所で大いにご活躍くださいませ。私も、仲間として盛大に応援しています。

2023年3月

田中美香子

■ 著者プロフィール

田中美香子（TANAKA MIKAKO）

奈良県生まれ。立命館大学法学部卒。小学校教師20年を経験。
全学年を担任し、教務主任も務める。その後、起業。
現在は、ここにしかない先生のための百貨店『センセイカプセル』代表兼オーナー。
「先生×おしゃれ」を提唱し、SNSやサイトから全国津々浦々の先生方を応援。
ファッション系SNSとInstagramフォロワーは合計1万人以上。
教師の仕事について執筆や講演も行う。

『センセイカプセル』サイト
https://www.senseicap.com

公式サイト
https://www.minnanocap.com

＊本書に掲載されている商品またはサービスなどの名称は、各社の商標または登録商標です。
＊本文に出ている商品名・バージョン及び価格は、2023年3月のものです。

学校行事から日常まで
センセイのための服装・マナー図鑑

2023年4月15日　初版第1刷発行

著　　者　　田中美香子
発 行 者　　安部英行
発 行 所　　学事出版株式会社
　　　　　　〒101-0051　東京都千代田区神田神保町1-2-5　和栗ハトヤビル3F
　　　　　　電話　03-3518-9655（代表）　https://www.gakuji.co.jp

編集担当　戸田幸子　　装丁　細川理恵
本文デザイン・組版　株式会社明昌堂　　印刷・製本　瞬報社写真印刷株式会社